挣扎向前
——资深 CFO 的传奇人生路

李敦嘉 著

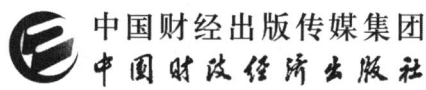

图书在版编目（CIP）数据

挣扎向前：资深 CFO 的人生路/李敦嘉主编 .—北京：中国财政经济出版社，2020.8
ISBN 978－7－5095－9891－7

Ⅰ.①挣… Ⅱ.①李… Ⅲ.①李敦嘉－回忆录 Ⅳ.①K825.34

中国版本图书馆 CIP 数据核字（2020）第 117420 号

责任编辑：卢关平　　　　责任印制：张　健
封面设计：孙俪铭　　　　责任校对：理　由

中国财政经济出版社 出版

URL：http://www.cfeac.com
E－mail：cfeac@cfemg.cn

（版权所有　翻印必究）

社址：北京市海淀区阜成路甲 28 号　邮政编码：100142
营销中心电话：010－88191522
天猫网店：中国财政经济出版社旗舰店
网址：http://zgcjjcbs.tmall.com
北京富生印刷厂印刷　各地新华书店经销
880×1230 毫米　32 开　8.125 印张　137 000 字
2020 年 9 月第 1 版　2020 年 9 月北京第 1 次印刷
定价：26.00 元
ISBN 978－7－5095－9891－7
（图书出现印装问题，本社负责调换）
本社质量投诉电话：010－88190744
打击盗版举报热线：010－88191661　　QQ：2242791300

自　序

退休后，无拘无束，自由自在，不用上班，不缺钱，身体尚可，又不用照顾孙辈，与朋友天南海北国内国外到处旅游，度过了一段无比惬意的美好时光。

只是后来走过的地方多了，竟也有些厌倦了，更喜欢在春暖花开及金秋凉爽之际，到老家那里静静地住上一段，享受与自己家人在一起叙说家长里短的亲情与放松，享受与当年的插队朋友相聚回味当年集体户共同生活的情谊与缘分，享受与儿时玩伴相遇时的惊喜及一起追忆往事的愉悦，享受与同学笑谈人生甜酸苦辣的轻松与快乐。

老家那儿风景秀丽，春秋之际又气候宜人，驾车与家人或与朋友一起去周边旅游，没有固定的目的地，开到哪里算哪里，随心所欲，轻松愉快，让我觉得这才是真正的旅游。

在如此轻松悠闲的时光里，也曾起意将自己的人生历程记录下来，既给自己添加一点有意义的事情做做，也可以给亲朋好友传阅消遣，不失为一件美事。

只是几年前动笔后，写了一段又自己放下了，觉得写得太过平淡，我自己读来都觉无趣，又何以吸引亲朋好友们的眼球？今年疫情一闹，人被关在家里，无聊之极，又想起之前未完之事，因此重新捡起，将之前所写的作为素材，找出其中自己觉得最有意思的内容，试写了几篇，发到中学同学群里，得到鼓励后，乃继续努力，并立下规矩，坚持每天写一篇，雷打不动，逐渐找到感觉，进入所谓"入港"的状态，一边写，一边文思泉涌，过去经历过的几乎已经忘却的很多事情的细节，又重新浮现在脑海，最后一鼓作气完成了写作。

  退休之后，人已懒散，这次能重拾勤勉与自律，了了自己的夙愿，吾心甚慰。

  我一直为找一个合适的书名而久思不得。有一次，我在看某电视剧时，偶尔听到剧中人物说人遇困境时不应消沉，而应"挣扎向前"。忽被触动。细想之下，自己的一生其实大都是在不同的困境中度过。我说的困境，不仅指身处困难的境地，也包括一切我认为不满意的状态，我把后者称为"软困境"。而自己努力时的心态，与"挣扎向前"的说法很相符。我不想把自己美化成那种从小就心怀大志，意志坚定，为达到既定目标，孜孜不倦一直努力奋斗之类的人。我只是不太甘于现状，而在各个重要的人生节点上，有时并非是在情势逼迫之下，克服对前进道路上的疑虑、犹豫及畏惧，克服自己安于现状的重重阻力以及人性固有的其他各种惰性，努力挣扎着向前去争取更美好的未来，一步步迈过人生的坎，才渐渐有了自己的一片小天地，最后才有了今天的我。

遂决定将"挣扎向前"作为自己回忆录的书名。

狄更斯在《双城记》里说过："这是一个最坏的年代，却也是一个最好的年代"。这样双重含义的年代被我赶上了。我一生虽经历了无数磨难，却经我奋力挣扎，最终受惠于这一年代。

我作为老三届的一员，仅初中毕业，能有机会考上大学，算是难能可贵。后来又读了研究生，最后取得博士学位，可谓在同龄人中万里取一。又在近知天命之际，毅然离开中央机关下海闯荡，在成功扮演上市公司高管角色的过程中，依靠自己的努力以及运气，实现了财务自由，有了今天富足的生活。几者相加，也可算是凤毛麟角。因此窃以为有一点奇特，以此为由，勉励我把我一生的故事写下来，作为我退休后所做的一件最有意义的事情。

有人说，人的一生若想成功，天赋努力机遇三者缺一不可。我自己，努力有了，机遇也抓住了，天赋差一点。所以若要说成功，也只是一个小人物的小小的成功。但对我来说，这就够了，我本先天不足，能这样，我很知足了。

书最后能正式出版，是计划外的事情。让更多的人了解我的人生经历，是我的愿望。读者若能从书中得到一些有益的启迪，那便是给我的最大酬劳，说明我为本书的写作付出的辛劳没有白费。

我很清楚，即使是小小的成功，也离不开我周围大家的支持、理解与帮助。我要感谢我家人对我的支持，感谢我老师对我的教育，感谢生活中无数朋友对我的帮助。

藉以此书，一并表达我的谢意。

作者于 2020 年 7 月

目 录

一、自己原本多余 / 001

二、在爷爷奶奶身边长大 / 009

三、至黯时刻 / 017

四、那些年 / 022

五、逃往远方 / 027

六、寒冷、风沙与虱子 / 035

七、人生不想如此度过 / 041

八、木匠生涯 / 048

九、坚守到最后 / 055

十、错失良机 / 063

十一、命运之神眷顾 / 069

十二、终跃龙门 / 074

十三、多余的话 / 081

十四、人各有志 / 088

十五、"你家可真穷啊!" / 094

十六、知识带来财运 / 099

十七、四十读博 / 0106

十八、决定下海 / 0112

十九、入职金融街 / 0119

二十、经受考验 / 0124

二十一、初试身手 / 128

二十二、站稳脚跟 / 134

二十三、"烫手的山芋" / 139

二十四、梦想成真 / 144

二十五、好事多磨 / 149

二十六、春播秋获 / 155

二十七、功成身退 / 163

二十八、也曾战战兢兢 / 170

二十九、最愉快的旅程 / 175

三十、见好就收 / 180

三十一、做慈善不容易 / 187

三十二、悠悠故乡情 / 195

三十三、穷却快乐的时光 / 202

三十四、留住乡愁 / 206

三十五、烟摊边的小姑娘 / 211

三十六、别了，我的第二故乡 / 216

三十七、最温暖的感情 / 224

三十八、求佛不如求己 / 230

三十九、一家三代向左转 / 236

四十、最后的心愿 / 242

一、自己原本多余

来到这个世界很多年之后,才知道,原来自己也跟其他一些家庭的情况一样,曾经是多余的。

曾听说我父母把一个儿子送人了,开始错以为是我弟弟,后来才知道原来是我的一个哥哥。及至生了我,却又留下了我,据说是我出生后父母临时改变了主意,准备把我放在爷爷奶奶身边,理由是爷爷奶奶日渐老去,有个孙子在身边,长大后好对爷爷奶奶有个照顾。这个说法听起来倒也合情合理,没理由不相信。

于是我就被留在了李家,与爷爷奶奶生活在一起。

在我小学四年级时,父亲来把我接到了湖州,与父母一起生活了半年,后因为落户口有困难,又把我重新送回嵊州老家。

在湖州与父母一起生活的半年，感觉没有想象中那么美好。之前羡慕别人家孩子有父母的关爱，及至自己到了父母身边，感觉也不过如此，大概自己已经过了需要父母关爱的年龄，倒觉得更适应在爷爷奶奶身边的生活。又由于语言等原因，在湖州的半年，学习成绩退步很明显，记得期末考试的成绩，一个4分，一个2分，其他都是3分，在嵊州时我的学习成绩大约是中等偏上，比这要好。我不知道学习成绩不佳是否也是把我送回嵊州的原因。

去湖州之前，我很向往与父母生活在一起；半年后，我已变得无所谓。如果让我自己选择，也许会更倾向于回到嵊州，感觉在爷爷奶奶身边更自在。

在湖州的半年，父亲给我留下了脾气比较暴躁的印象。我哥很怕我父亲，大概是因为淘气经常受责骂乃至挨打，不记得父亲打过我，但我哥对父亲的惧怕自然就影响到了我，父亲在家时，我哥与我都有些战战兢兢，因为担心受到父亲的责骂，说话做事总会加倍小心。

父亲也有心情好的时候。逢周末，一家人会在家门前天井中搭上饭桌打扑克，那种时候父亲会显得亲切随和，记得有一次打着打着，我用嵊州方言冒出一句粗话，惊愕之间，父亲竟不生气，只对我一笑了之。全家人乐融融一起包饺子吃时，气氛也很好，我父亲特别喜欢吃面食。只可惜这种温馨的日子屈指可数。父亲心情不好的时候居多，可能是工作不太顺利。

我很小便会下象棋。记得儿时在嵊州李家旧院住时，常在院中石桌旁看大人下象棋：怎么开局、各种棋子怎么走法以及制胜的手段等，看多了，不知不觉中就会了，并无人教我。缺对手时，我也会上场顶几招。我那时刚记事，也就五六岁。随着年龄增长，棋艺有一些进步，但从未觉得自己有什么特别。

我父亲也喜好下象棋，周末得闲时也会找我陪他下棋，他棋艺比我要好，我赢少输多，输赢我倒不在乎，但陪我父亲下棋时的感觉却不大好，虽不担心他会打我骂我，但老觉得不自在，没有与朋友下棋时那样放松与快乐。

从湖州回到嵊州继续读五年级时，我有限的棋艺得到新来的班主任赵品祥老师的赏识，记得有一次课间操时间他还特意把我领到办公室，介绍给其他老师，夸我棋下得不错，并在办公室当场与我对弈了一盘。遇到老师赏识，心里自是喜悦。五六年级期间，我的学习成绩突飞猛进，并非自己比以往努力，也并非有人指导与帮助，兴许就是因为赵老师的赏识激励了我。

那段时间，学业变得如此容易，我自己都不知道为什么。做数学作业时，不假思索便可完成。语文成绩也长进不少，写作文不再像以前那样经常咬笔苦思不知如何落笔了。记得那时语文老师讲完新课后会留出时间要求大家背诵某些段落，不能完成者，就留待下午自习时间再向小组长背诵，而我则往往在课后极短时间内已会背诵，小组长叫葛居敬，就坐我后面，当我扭头准备向他背诵时，他常会感到惊讶。那时候我记忆力真是超好，文章读过几遍，不用使劲记，那些内容好像就印在脑海中，或者说就浮现在我眼前。

现在回想起来，小学五六年级是轻松快活的时光，学习不用努力，但成绩优秀，同学羡慕，老师赏识，有了这些，物质方面的匮乏，父母亲情的缺失，就都不算什么了。

当我后来学业工作有所成就，回顾自己走过的一生时，我才意识到当年赵老师的赏识对我是一件很重要的事情，因为他的赏识，极大地激发了我的自信心。因此在我心中把赵老师当作自己人生的"贵人"之一。退休后我回嵊州时常去探望他，他自己倒没觉得对我做了什么特别的事。

有一件事情我印象深刻，难以忘怀，是我这辈子难解的心结。有一年我母亲回嵊州，据说是出差路过，住了一晚，第二天就匆匆离开了。那时候，我大概读小学一二年级，自能记事起，这是我第一次见母亲面。见到母亲，我很兴奋。奶奶对我说："今晚你就跟你妈睡吧。"我很开心，也很期盼。平日里看着

一、自己原本多余

别人的孩子与父母生活在一起，看到他们受到父母的关爱时，我非常羡慕，那时候就会触景生情思念自己的父母，尤其思念自己的母亲，希望也能得到同样的关爱。那天吃完晚饭稍事休息及洗漱完毕，我先上床朝里躺下等着，待母亲上床后，便本能地迫不及待地搂住母亲，却顷刻之间被推开了，只听见母亲说："妈累了，睡吧。"我很失望，但却默然接受了，没有撒娇。撒娇是从小生活在父母身边受到宠爱的孩子才能练就的专利，我不会。那天晚上，我怯怯地躺在我母亲的身边，母亲离我近在咫尺，又似乎远在天边，与我一直期待的在母亲怀抱中那种幸福感觉，相距特别的遥远。第二天当我睁开眼时，母亲已不在身旁。

那时候，父母与儿女分开生活的比比皆是，左邻右舍就很多。我与其他与我情况相同的人一样，只能默默地接受这种命运的安排，并无什么怨言，至多会有一些遗憾。记得中学班上有一男同学，在爷爷奶奶身边时间长了，接他回来后，一直不肯对自己的母亲叫妈，让他妈很伤心。其实他妈待他很好，我们去他家，他母亲会对我们抱怨，还会央求我们劝劝他儿子。还有我一个邻居，外孙与外婆一直生活在一起，父母在青海，他与我经历更像，也去青海父母身边生活了一小段，不久就又回到他外婆身边，听他说起原因，与我如出一辙，既有父母对他的不适应，也有他对父母及新环境的不适应。

当然这一切，主要是因为当时客观条件的限制，那时候做父母的，自己没有机会受良好教育，又为温饱所累，少有顾及被分离子女的心理感受与心理需求的，我不能超越历史条件对自己母亲提过高的要求。

现在细想，从小子女与父母分离，实在是对双方感情的严重伤害，分离时间长了，即使是天生的亲情也难免会淡去。我自己，那年抛下妻女来北京读书，毕业后留北京工作不久，就设法把女儿与她妈接来同住，也算是接受教训，尽可能避免父女亲情因为分离而受伤害。

过去的多子女家庭，父母一般会对一直生活在一起的子女产生偏爱，当母亲的一般表现得更明显，做父亲的则相对比较理性。我家也是。我父亲虽然脾气暴躁，但对我们兄弟俩基本没什么两样，这我在湖州的半年就感受到了。母亲则明显表现出对我哥的偏爱，这一度让我不舒服，但后来也就慢慢接受了，长大后更是理解：这世界上谁又没有一点偏爱呢？更何况母亲对我姐对我都还不错。而且我还理解：人小时候能得到父母偏爱固然幸福，但得不到父母偏爱的子女，一般都会在今后的生活道路上更独立更努力一些。我就是。

记得在我上了中学后，有一次我母亲寄来一件衬衣，白颜色，质地特别粗糙，有点像用老式织布机织的那种粗布，尽管如此，我仍很开心，因为那是母亲第一次给我寄东西。那已经是初夏了，我穿上它到同学家，同学的妈妈感到有些奇怪，问："这衬衣这么厚，你穿了不热吗？"我笑着回答："不热。"但其实是有些热，那衬衣显然不适合夏天穿，但我愿意，因为是我母亲寄给我的，身上感觉的是热，但心里感觉的是温暖，那是我一直缺乏的。但我心里想的，不便讲给同学妈妈听。

那天晚上我去拥抱母亲被推开的那一刻，我幼小的心灵，很相信我妈是太累了，所以老老实实躺在身边，能与自己朝思暮想的母亲躺在一起，也很满足了。只是自己长大后回想起这一幕，总觉得有些凄惨与悲凉。想着要是当时我母亲多少能理解我对于母子亲情的渴望，与我搂抱一会儿，哪怕能搂抱一分钟，不，只要半分钟，十几秒钟，就是对我心灵上最大的慰藉与弥补，我就会心满意足，我一辈子心中就不会留下如此深刻难以忘却的遗憾。

但话说回来，母亲其实是一个很和善的人，从不打骂我们，我在湖州待的半年，家里只有她在时，我哥与我就会很放松，感觉特别好。

长大之后，就是我自己动身去看望父母了。

那时候我父母已离开湖州调到安吉工作。初中毕业那年恰逢"文化大革命"开始，在校无事，我就经常去我父母那里，每次住的时间会比较长。那时

我敬爱的赵老师

候,我姐高中毕业后留在湖州工作,我哥有了工作也离家了,我成了父母身边唯一未成年的孩子,他们待我都很好,仿佛我从小就在他们身边一般。

如果没人告诉我,我的一个哥哥送人,也没人告诉我,我自己也一度准备送人,我就不会有自己原本多余的想法。再后来,我姐姐多次开玩笑说:"多亏当年没把弟也送人,不然我们家就少了一个博士。"

二、在爷爷奶奶身边长大

据说我十个月大时就被放在嵊州爷爷奶奶身边，我母亲找到工作，到外地上班去了。

关于我奶奶，有一件事情让我感动，不能忘怀。三年困难时期，吃不饱饭，只好拿糠秕充饥，我也是。记得上中学一年级时，奶奶会将炒过的糠秕粉装到一个小的旧药瓶里，让我带到学校出来慢慢嚼着吃，有点香味，就是太干，吃一点后饥

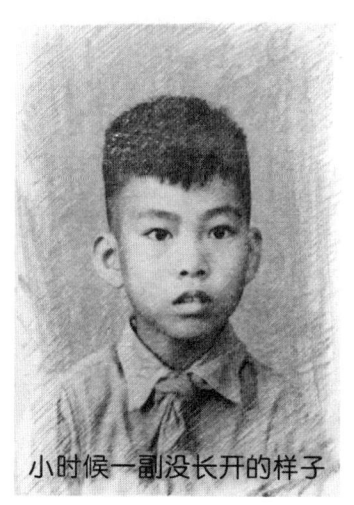

小时候一副没长开的样子

课间饿得难受时倒一些

饿感就会消失。有句话叫"饿糠甜如蜜",只有经历那段困难时期挨过饿吃过糠的人,才能理解这种说法。吃糠当然不可能甜如蜜,但饥饿难忍时吃点糠确实很管用,饥饿的感觉太难受了。只是糠不能吃多了,吃多了会便秘。我奶奶当时就是因为吃了太多的糠秕而便秘,最后只能自己用调羹(勺)一点点把屎抠出来。那时我很奇怪奶奶为何不懂吃糠秕太多会便秘的道理,长大才明白奶奶作出的牺牲:她当然明白,但她自己多吃一点糠,便能省下一些米,让爷爷及我们几个孙辈多吃一点。

那段时间,印象最深的就是一个字:饿。记得办大食堂那段时光,开始时有米饭,但米饭几乎膨化到极点,不仅没有味道,吃了不久就会饿,当然也是因为肚里没有油水。后来连那样的米饭也吃不上了,开始吃玉米等杂粮,最后连杂粮也没有了,最困难的时候,也是我印象最深的一次,食堂提供的是一些美人蕉杆子加米粒煮成的汤,看大师傅一勺子下去,捞上来的只有稀稀拉拉有数的米粒儿,以美人蕉杆子为主。后来食堂停办,恢复在家各自开伙,情况才慢慢好转,这种好转也许部分来自我奶奶作出的牺牲。

奶奶留给我的印象是很严厉,后来才明白奶奶是所谓当家的,爷爷只管外出挣钱,挣了钱交与奶奶,一应内务皆由奶奶操持,柴米油盐吃饭穿衣自不用提,管教孩子也是奶奶的事。相比之下,爷爷在我心

二、在爷爷奶奶身边长大

目中显得很慈祥,不过爷爷的性格也确实很温和,人称五阿叔或五爷爷,因为他排行第五,从未见过他与人有什么冲突。奶奶的性格则与她扮演的角色相符,我们平日的行为举止,多是她教育的结果。到自己长大后去外面闯荡,才慢慢领会到奶奶儿时严厉管教的益处,不会显得自己缺乏教养而在人前丢丑。

奶奶的教导包括:不能取笑有残疾之人,要站有站相坐有坐相。更多的规矩表现在吃饭上:吃饭不能发出咀嚼声音,不能把筷子伸桌子远处去夹菜,不能在菜碗里拨弄挑菜,不能吃饭时晃荡双腿,吃饭时双肘不能支桌,吃饭时饭碗与嘴都要在桌内,以免菜与饭粒掉落在地上。还有,吃饭时不能用筷子敲击饭碗,说这样今后会去要饭。不能把筷子插饭碗中,自己直到退休后在清明节或冬至时参加祭祖仪式时,才知道祭祖时才那样。

我好长时间都没明白,要求吃饭时间不能发出声响,那又如何吃饭呢?但也没敢问奶奶,只是长大后听到别人难听的无节制的咀嚼声,才明白奶奶要求的是不要发出这样的声响。

还有对保护身体的一些规矩,譬如:饭后不要剧烈运动。不能坐石门槛,即使在夏日,因为容易受凉。

另有一些我长大后觉得不甚妥当的规矩,譬如:大人说话时小孩不要插嘴,我认为这对我往后的性格产生了一些负面影响,我长大后显得不善表达,不知道与奶奶的这方面教导是否有关?但另一方面,我很善于倾听,也许得益于奶奶这方面的教诲。有时候爷爷讲述故事时,我会很耐心地、静静地倾听。但当自己也变老时,重新体会奶奶这方面的教育,觉得自己的理解可能存在偏颇,因为有时候在表达什么时,被人中途插话打断,会感到很不愉快甚至会感到恼火,这才意识到奶奶的完整意思应该是:不要中途打断别人的话,但并不是说不可以问话或表达自己的意见。这其中有微妙的区别,就是要识别或正确判断插话的时机。

确实,这世界上有一些人缺乏这方面的能力。不适时地打断别人的话语,是一种不礼貌,或者说缺乏教养。

此外,儒教文化,似乎更欣赏内秀,奶奶的教导也许受此影响。而我自己的不善表达,可能更多的是自己性格所致,是性格内向或羞怯造成的一种缺陷。

我爷爷以狩猎为生,当初他为何选择这个职业,我不知道,只听说他早年曾在上海经商,我猜想是经商失败后,为生计所迫,不得已才干上这行。爷爷打得一手好算盘,家中一应收支记得清清楚楚,毛笔字也写得工整漂亮,大约之前经商之说不假。只是我爷爷为人厚道,替人当个账房先生也许更合适,人太厚道大概是他经商失败的主要原因吧。

二、在爷爷奶奶身边长大

记忆中,我爷爷很少与外人有交往,平日言辞不多,这与他的职业有关,他所从事的职业,不需要与人打交道。但有时候家里会来一些客人,听爷爷讲狩猎的故事,这时候爷爷就像变了一个人似的,滔滔不绝,风趣,有条理,富有激情,讲得引人入胜,客人都屏气凝神,听得津津有味,我也会待在一旁静静地听,尽心地享受。爷爷的故事一般从狗发现踪迹开始的表现讲起,如何紧跟着狗转悠,如何判断狗发现的是什么,如何抢占有利位置,如何情势变更而即时应对,又如何在狗将猎物逐出时,在野鸡起飞或麂鹿等显身时,及时出手将其击中。讲的人兴致盎然,听的人如临其境,大家都很享受。记得有一个在剧团工作的朋友常来我家,每次来都会带一些狗最爱吃的骨头棒子,困难时期很难吃到肉,所以骨头也弥足珍贵。狗一见他来就摇头晃尾,知道又有犒赏了。他也喜欢狩猎,以致爱屋及乌,特别喜欢我家的狗。

从爷爷的讲述中,我会感到狩猎不是因为生计所迫,而是一种乐趣。也许就是因为这个吧,当我长大可以扛枪时,寒暑假期间我会跟着爷爷一起去打猎,但只是在不太远处打一些鸟类,像黄春、斑鸠、麻雀、喜鹊、白头翁等。我那杆枪比较短,挺适合我,爷爷用的是一杆比较长的枪。每次打猎,来回走路以及过程中的追逐,归来后会觉得累,但很快活,那是一种不是为了生计才能感受到的快乐。青春年少,体力恢复很快,睡一觉起来,疲倦就会完全消失,高兴时第二天又会跟着去,没人强逼我,完全是我自愿,完全是出于兴趣。我去,爷爷会很高兴,爷孙有个伴,猎物也会增加。也许,爷爷也可能会因为后继有人高兴,我不知道,只是猜。但我自己可从没想过今后长大也像爷爷那样以此为生,我知道干这行很艰辛,我希望自己长大后有更体面的工作与生活,最好是能考上大学。

有一次父亲过年回老家,我们三个一起去打猎,当然只是去打鸟。父亲很兴奋,他也喜欢玩,以前从未有机会,这是第一次。树林中,他拿我的枪,找一石二鸟的机会,瞄准,勾板机,"呼"一声枪响,没中!他很扫兴,我则特认真,多埋怨了几句,父亲生气了,我赶紧闭嘴。现在回想起来,笑自己是如何地不懂事,不乖巧,不会讨人喜欢。这是小插曲。

奶奶除了严厉,也有让人感觉温馨的时刻,最令人难忘的恐怕就是夏日的晚上,白天的酷暑开始消散,奶奶会在大门口的路边先泼一些凉水,让地上的暑气消散得更快一些,然后拿长条凳及长板条,搭起床,再用凉湿毛巾把床板擦一擦,然后放一个凉席枕头,又在床边点上一炷蚊香,夜色渐深,我躺在床板上,仰看繁星满天,一条银河穿越其中,细细观察,可见那斗转星移,甚是神妙。更为惬意的是,奶奶干完家务,会搬把椅子坐到板床前,用芭蕉扇轻轻摇

二、在爷爷奶奶身边长大

动,带给我丝丝凉意,有时会在我身上轻轻地拍打一下,大概是看见了蚊子。朦胧之中,我进入了梦乡。夜深人静,暑气散尽之时,奶奶又会把我叫起来,让我进屋里去睡。

那是一种温馨的回忆,一种难以忘怀的温馨记忆,记忆中有满满的对奶奶的温情及思念。此时此刻,平日对奶奶严厉的印象,会如同深夜中夏日的暑气,消散殆尽。

我也爱听奶奶讲故事,冬日里大家上床后靠坐着捂被窝,一下子难以入睡,若央求奶奶,她就会讲个故事给大家听,讲的好像大多与书生有关,譬如书生上京赶考,路上碰到什么怪异之事之类的。长大后自己看《聊斋志异》,发现奶奶讲的故事,与书中内容很相似。听我大姑说,奶奶念过短时间的私塾,但估计没有到可以自己读小说的水平,她讲的故事应该也是听来的。小时候倚靠在床上听奶奶讲故事,也是一种特别温馨的记忆。

当我与家人谈起自己儿时奶奶的严厉时,几次提及:一次,晚饭后我照例找邻舍小朋友玩,照例奶奶也忘不了提醒:"别乱跑,当心车,早点回来。"我也照例"嗯嗯"地答应着,但玩耍中不知不觉就忘了时间,忘了奶奶的叮嘱,后来听到奶奶找我的呼声,我怕受责罚,没敢应声,偷偷地在奶奶眼皮底下溜回家,钻进被窝里,没想奶奶回来后发现我已经躲进被窝，仍将手伸进被窝，在我腿上拧了两下才罢休！平日里，太晚了，奶奶找着我后，会用手里的竹杠在我屁股上抽两下，那竹杠的下半部分特意剖成一条一条的，老家那边叫"破竹杠"，看去很可怕，打在人身上会很疼，那是那个时候很多家庭必备的工具。当然，奶奶打我时，只是象征性的，从未真伤着我。长大后与家人提及奶奶的严厉，开始时还有点抱怨叫屈的意思，慢慢就变成了一种轻松的笑谈，儿时奶奶的严厉，随着岁月流逝，早已被涓涓的对奶奶的温情回忆及思念所替代。除了对奶奶养育之情的感恩，还有对奶奶的歉意，那歉意来自自己在叛逆期对奶奶的不恭，但愿奶奶在九泉之下，也如同我对奶奶的严厉一样，早就释怀。

　　这就是我记忆中的爷爷奶奶。我就这样在爷爷奶奶身边长大，一直到十八周岁。

三、至黯时刻

我是在上了中学后才知道我父亲竟然曾经是国民党员。

记得是中学一年级下半年或是二年级上半年,学校要求每一位学生就家庭状况填表,看里面的内容比较详细,我便写信给父母,看到父亲的回信里告诉我在"家庭成分"一栏填"伪职员",旁边在"曾加入何党派"一栏,填了"国民党员",大大地吓了我一跳。

我从小生活在爷爷奶奶身边,对我父母的事知之甚少,只知道他们在湖州工作,之前是在嘉兴,父亲在粮食局,母亲在医院。

我父母为什么很少回嵊州,也许是经济困难,也可能是我父亲因为解放前的经历,在历次运动中遭受磨难，没有了心情。这是我自己猜的。

关于我父母的过去，我知道的极少，我哥我姐也是，父母从不向我们提过去的事。我知道的有关父亲的点滴，还是听我在乡下的大姑告诉我的。她告诉我，我父亲小时候淘气顽皮，奶奶更喜欢乖巧的叔叔。我父亲当年去当兵，是否与奶奶的偏爱有关，大姑也不知道。大姑只知道，日本人打进来后，我父亲随部队去了福建，从此就没有了联系，直到新中国成立前后我父母带着我哥我姐回嵊州。从父母保留下来的仅有的几张相片猜测，我父母应该是那种英俊潇洒的军官与年轻漂亮的护士之间的爱情故事。照片上，父亲穿着西装，母亲打扮时尚，从那个时代看，这不是一般老百姓的穿着。后来听我母亲讲，她十五六岁就去部队医院当护士，新中国成立之初一度失业，后来经人介绍，母亲才重新找到工作。护士作为一项技术性工作，与政治无关，那时候有经验的护士想必很缺，不然找到工作不容易。我父亲能写会算，通过亲戚介绍在嘉兴粮食局找到了工作，刚解放时百废待兴，缺人手，招聘人员时不太关注过去的经历。后来听我哥说，解放前父亲做的是文书职，军衔到了上尉，离历史反革命的评定标准咫尺之遥。又说在20世纪50年代镇压反革命运动中，父亲所在单位派人去福建部队原驻地详细调查后有结论：无劣迹，定性为内部矛盾。当然，嘉兴粮食局是待不下去了，据说

三、至黯时刻

离开后曾经去农场工作过一段，后来嘉兴地区分拆成湖州与嘉兴两个地区，我母亲先随医院调到了湖州，父亲随后也调到湖州酒厂，几年后双双调到安吉的杭垓镇，这才最后安定下来，父亲在杭垓供销社一直工作到退休。

父亲一向在我们面前很严厉，他过去的事，我们从来不敢问。上面所说的，大概是我哥听母亲讲给他听的。父亲去世后，有时候我向母亲问及他们的过去，她总是借口说想不起来了，一个人年轻时候的经历，怎么可能想不起来？我怀疑父母之间有约定，永不向子女提过去的事情。母亲现在年事已高，想讲也讲不出来了。我们只知道她当年工作的部队医院好像在福建龙岩，我姐我哥都出生在福建，所以他们的名字中都带有一个"建"字。当年我父亲为何去当兵，在哪里当的兵，当兵时经历了什么，什么时候去了福建等，我一无所知。要想知道，恐怕只有去查我父亲的档案。但时过境迁，劳神费力，既没有这种心情，也没有那个必要了。即使有心情也不见得能办成。父辈的事情就让它过去吧，他们书写的人生，就留待历史去评说。父亲的档案，也让它静静地躺在它该躺的地方，别再去翻动，以免惊扰九泉之下已经安息的亡灵。

我爷爷奶奶家生活艰难清贫，所以之前我就想当然地在"家庭成分"一栏填"城市贫民"。从"城市贫民"到"伪职员"（加国民党员）这样的转换幅度也太大了一点！当时我读完父亲的来信后感觉就像被雷击了一般，两眼发黑，对着信楞了半天。对我来说，这简直是最致命的噩耗。当时的形势，我很清楚，父亲这样的情况对我的今后意味着什么。那个年代，什么事都讲究出身，你若出身不好，或家庭社会关系有瑕疵，那什么升学参军等这种好事都与你无关，所谓重在表现，那只是粉饰用的，出身有问题，个人再怎么努力都无济于事，之后更是发展到连就业也受歧视，至于入党，那更是做梦也别想。

那是我人生的至黯时刻。

本来我就话少，自那以后，我变得更加少言寡语，上课时常感觉神情恍惚，无法集中注意力，学习成绩也明显下降，我入学后就被指定为小组长，那大概是根据进中学时考试成绩定的，学习成绩下降，小组长也不让当了。

父亲的信带给我的自卑深深地埋在我心底，我没有对爷爷奶奶讲，更不与其他任何人讲，以此维持那表面上的自尊，但我心里非常清楚，我的一辈子已无望，前途无望的那份郁结，一直伴我到1979年高考。之前，从农村抽调到铁路工作，也走得很艰难，生怕好不容易得来的机会，会因为政审不过关而失去。那种既盼着机会又担心机会轮到又失去的矛盾心理，只有经历与我情况相同的人才能真正理解。恢复高考后，因为政策的根本性变化，我有幸考上了大学，我为此特别感激邓小平，没有他老人家，我恐怕做梦也不敢想自己这辈子竟然还能上大学。

时间过得很快，多少年后的今天，个人的发展，已不再受制于父母的出身，也不再受制于社会关系，这不能不说是社会的巨大进步。人生而平等，无论何种社会制度，这都应该是普世的价值观。我一直没有想明白，社会主义本义上就倡导各个方面的公平与正义，为什么我们经历的年代，会以出身论英雄，会让荒谬的血统论占据统治地位并深入社会制度的各个方面，而漠视广泛存在的明显的社会歧视。

好在这一切都已成为过去，我们的儿女一代，无需再受这份憋屈，不必再像他们父辈那样，一生下来就背负那沉重的"十字架"。他们的一切，都可以靠自己的努力去争取，与父母无关。

四、那些年

初中毕业时圆润一点了

我初中毕业那年,"文化大革命"开始了。

"文革"发展到后来,各地群众都分成两派,大家都认为只有自己在捍卫毛主席革命路线,两派相互攻击,从文攻到武斗,整个社会都乱成一团。现在回头看,简直就像闹剧。

我们班虞显明同学是这场闹剧的最大牺牲品,他把年轻宝贵的生命都无端搭上了。我家前面,也有一个叫谢什么娟的女生,是初一或初二的,也被流弹击中而丢了性命。班里雨塘同学与显明曾是"战友",但雨塘运气要好些。听雨塘回忆多少年前与虞显明一起体验的那段"战斗"经历时,我一边听一边为雨塘庆幸,雨塘若也像显明那样"壮烈牺牲",哭死他爹娘不说,今后油脂化工厂少了一位优秀的厂长,岂不可惜!关键是:为什么呀?反正到现在,我也没有搞清楚当时的毛主席革命路线到底是什么,是坚持阶级斗争的路线吗?是继续革命的路线吗?新中国成立后,土地、工厂、商店都归于国家或集体所有,赖以划分阶级的经济基础都不存在了,哪还有什么阶级斗争?而革命,是一个阶级推翻另一个阶级统治的行动,通俗地讲,就是推倒重来。新中国成立了,旧政权已经被推翻,继续革命,再推倒一次?那不又回到旧社会了?反正我是搞不清楚,不知道其他同学是否清楚。

如果说"文化大革命"是被错误发动的一场社会动乱,我们这些当年的学生就是这场动乱的最大受害群体,最后由于经济停滞甚至倒退,没机会读书不说,连工作都找不到,一千多万名应届毕业生,当年挂着红卫兵袖章,冲锋在前,抄家批斗造反,把革命当己任的热血青年,无一例外地被送到广阔天地去"大有作为",去面对实实在在的生存挑战。

嵊州当时的两派称为"联总"与"联委",我参加了"联总",理由就是要好的几个同学都参加了

"联总"。那年县委大院绝食,我也去了,我已记不清绝食为哪般,大概也是冠冕堂皇而又似是而非的理由,反正大家去了我就跟着去了。绝食后期,我因状况不佳最后被抬到医院挂葡萄糖,之后有一段时间我走在去学校的路上,看不清路面,时时担心会掉到路边沟里去,这样的状况持续了好几个月,仗着年轻,最后没有落下什么病根,算是我运气。

还记得当年武斗正热的时候,有一天晚上,志炎同学约我去一起探望袁中伟,他是"联委"的骨干,被"联总"抓来关在学校高中部楼下的校长办公室里,看到他时他遍体鳞伤,手臂上有深深的被绳索捆绑后留下的印记,毕竟是同班同学,看了不禁心生怜悯,志炎是个有心人,还特意带了一些消炎药给中伟。后来我与中伟还有谢义荣一起去了内蒙古插队,有一次我对中伟提起此事,他说他记不得了,我有点惊讶,估计他是不愿意提及那些不堪回首的往事。

还有一件可笑又无奈的事,有一次我从安吉父母处返回,乘火车在曹娥站下车后,被人拦住盘问,怀疑我是"联委"被打散人员,我说我是"联总"的,他们不信,把我押送回嵊州,在党校关了两天。

"文革"的闹剧也殃及我家,我母亲上厕所时,顺手抓过一张报纸垫在坐坑的横档上,没有及时撤掉,留在横档上的报纸正好有一领袖头像,被后进去的医院同事发现后告发,成了"现行反革命",受了很多无妄之屈辱。

我爷爷有一段时间从家里消失了,奶奶告诉我,爷爷到居委会办的学习班去了,后来才知道是因为我爷爷早年曾当过三个月的警察,被叫去坦白去了。好在一个多月后他平安无事回来了,不然,我家的生计便没了着落。

还记得"文革"期间夏日的一天,我与兆汉同学到罗青亭那边游泳,我俩正躺在沙滩上休息,忽看到河对岸围起一堆人,隐约听见好像有人溺水了,出于好奇我们游过岸去看,发现躺在地上的溺水者我认识,是我们白莲堂路每天扫路的老头,我怀疑他是投河自杀,大约是受不了日日加于他的羞辱与折磨,选择早日离开这已不值得他眷恋的世界。他被人救起但为时已晚,我与兆汉见状唏嘘不已。

那些时日,我与兆汉每天会去城隍山晨练,半水同学每天也去,他可以在双杠的一头,全身松弛拖地仅靠腕力将身体撑起至双杠之上,让我好生佩服,但我最佩服的是他的"糊涂",他是我们班里少有的两派都不参加的同学,是所谓的逍遥派,现在回头看,班里数他最聪明。

"文革"时期的种种荒唐往事,不提也罢。但经历了"文革"之后,自己也确实变聪明了一点。1989年审计署组班去西安外语学院培训英语,我也去了,正赶上"六四"风波时期,我们这些在西安培训的人也不甘寂寞,全班上街游行,当有人领头喊打倒某某等口号时,我发现自己怎么也张不开口——并非嗓子有恙,而是记起了自己在"文革"期间的种种愚蠢,顿悟之下当即借故离开了游行队伍。班里有一个赵姓同学平日与我交好,为此便冷落于我,大概认为我是叛徒般的人物,不值得与我为伍,我亦不与他计较。他很年轻,一路从学校走来,没有像我那样经历过"文革",不可能理解我的想法与行为。那时候的我,算是已有了一点独立思考与判断的能力,不愿再懵里懵懂傻乎乎跟着起哄。到今天,则更明白独立思考的重要意义。

"文革"期间,家产可以被随意抄没,人可以随意被批斗,法律被人漠视,社会失序;"文革"期间,以阶级斗争为纲,继续革命不停,人之间失去信任,社会失睦;"文革"期间,善恶难以分辨,黑白经常颠倒,思想一片混乱,社会失范;"文革"期间,儿子揭发老子,妻子揭发丈夫,千年人伦不存,家庭失和。

现在的年轻人对"文革"期间发生的事情难以置信,而我不幸正赶上了"文化大革命",见证了人世间很多的扭曲、丑陋与荒诞。

回头看那十年,我们在继续革命,别人在快速发展,我们与世界的差距越来越大。

好在"文革"已成为历史,但愿这样的闹剧不要再重演。

五、逃往远方

由于"文化大革命"开始，完成初中学业后我又在学校待了两年多。1969年初，所有三届（1966—1968届）初高中毕业生，都被安排下乡。一天在街上遇到同学成飞，问我准备上哪里，得知我没有决定后说："我们一起去里沙滩吧！"这样我就去了新民公社里沙滩大队，当了大约三个月的知青。那段时光，我与成飞临时住在队部，生活上全仗成飞，做菜做饭时我能做的只是往灶坑里添柴火。突然离开爷爷奶奶过独立的生

无所谓的外表难掩内心的迷茫

活，对我来说相当地不适应，劳动的艰苦就更不用提了，记得队里分了我两分自留地，我翻了不到一半就翻不动了。我一直坚持锻炼身体，自以为体力还不错，来到农村，才知道锻炼与劳动是两码事。

后来听说可以去内蒙古插队，没怎么犹豫我就报了名。我奶奶舍不得我走，但知道劝不动我，我那个时候很逆反，自己主意很大，谁的话都听不进去。临去内蒙古前，我到安吉向父母告别，父母看我决心已下，也没有劝阻。临别时我们兄弟俩与母亲照了一张相片，相片上三个人的表情都特别沉重。我们一家人当时都处于逆境，父亲是因为过去的历史问题，母亲则为在如厕时垫了一张印有领袖像的报纸被人告发而受难，我哥中学毕业后为找不到工作而苦恼，而我则要远离家乡去那遥远而不可知的内蒙古农村。那张照片至今我还留着。

那年的六月，我来到了内蒙古通辽县余粮堡公社四街大队东小队，开始了长达八年（头）的知青生涯。现在回想起来，当年我既在当地下乡，后又来到内蒙古，主要就是逃避。老家农村太苦，实在让我吃不消，其实我也不知道内蒙古农村是否比老家那边会好一些，但离开再说，年轻人做事大概就是那样。后来知道集体户里好些人都与我一个想法。逃避的另一个原因，来自于身上背负的父亲历史问题的"十字架"，我知道自己前途无望，恐怕会在老家那边当一辈子农民，虽然知道去内蒙古也不可能摆脱困境，但抱着去那儿再说的想法。

这就好比人在三岔路口，知道其中一条路是死路，另一条路情况不明，人逢此境，想必都会选择后者。

不过到了内蒙古后，感觉劳动和生活确实要容易一些。我们12个人住在一起，称为集体户，刚去的半年，队里专门派人帮我们做菜做饭，对我们很是照顾，因此劳动之余没有生活上的后顾之忧，虽然吃的大都是杂粮，但不久也就适应了，年轻时适应能力强。之后我们自己轮流做饭，队里仍给轮值做饭的知青记工分，说起来对我们真是照顾有加。

当地的百姓有很浓的恋乡情节，家里有吃有穿，就不愿意子女出门闯荡。我们年纪轻轻就离开父母来到几千里外的四街，尤其是马凌云与马伊青姑侄女俩都才十五岁，村里人都带着怜悯心看待我们。队里对轮值做饭的知青记工分，没听说村民有意见。

最初的一段时光，由生产队一个叫王义海的政治指导员领着我们知青干活，让我们觉得好像是过去学生时代的下乡劳动，让我们有一种有组织地"接受贫下中农再教育"的感觉。王队长（我们都这么叫他）人脾气很好，总是笑呵呵的，我们之中有人把秧苗当草铲掉，他发现后也不生气，只是会再次耐心教我们如何识别草与秧苗。

后来我们知青就跟妇女队一起干活，这也算是一种带有照顾性的安排。妇女队长叫王淑云，眼睛很小，还从眉心往两边呈三角形，跟我们说话时常带点羞涩，长得不能说好看，但挺讨人喜欢的样子。记得头一天干完活，大家坐在一起评工分，各人先自报，报了后大家没不同意见就算通过。轮到我们知青报分时，看人家小姑娘都报十分，我们也跟着报十分，王队长微笑着有点为难地看着我们，因为从效率及质量看，我们显然不值满分，不过既然其他女孩都没有吱声，最后她也就笑着同意了。北方人，无论男女，都比南方人大度豪气。要赶上在南方农村评工分，这样的事情想都不要想，南方人要精明很多。

妇女队里下地干活的大都是未婚的年轻女孩，一旦结婚，一般就不再下地干活，这是当地的习俗。与这些年轻女孩们一起干活，虽然其中难有好看入眼的，感觉还是会轻松愉快一些。有一个场景我始终没有忘记，那是夏日的一天下午，我们在离村五里地外的西北铲地，铲完几垅地后大家站在地头，感到又闷又热又累，忽平地吹来一阵风，感觉好爽！旁边一个小姑娘随口吟道："大风不来来小风，唰啦唰啦好凉快！"

真是好风好语好意境！我不由得高看了几眼身旁吟唱的小女孩，她是队里老马头的女儿，叫马桂云，十五六岁吧，人瘦瘦的，扁扁的脸，扎两条小辫，长

五、逃往远方

得不能说好看但有些灵气。我猜想这顺口溜并非是她的即兴创作,但她把握的时机却真是恰到好处。在艰苦的生活与劳动环境中,当地农村流传的一些轻松风趣的顺口溜,苦中作乐,我很欣赏,我自己就缺乏这种乐观的精神。

在妇女队干活的一群女孩中,有一个叫马芹的,相比之下算得上是最好看的,一张小脸白白净净的,那双眼睛忽闪忽闪的似乎会说话,特别是她笑时露出的白牙,很难得。当地的女孩大都从小就学着抽烟,牙都被烟熏得焦黄,我们觉得特别丑,但当地人却不以为然。马芹不仅人长得好看,干活也十分麻利,只是这个唯一耐看一点的女孩,来自村里的一户地主家庭,她的家仅隔着我们集体户两个院,特别醒目,走在村中路上一眼望去,最小最不起眼的那小土屋就是她家,远远看去好像就比寻常村民搭的鸡窝大不了多少。那时候每次我看到她家那个小屋,总难免想起"鸡窝里飞出金凤凰"那句话。由于她特殊的身份,我们不与她太接近,她也知道自己的身份,很乖觉。

几个月后,我们便与大拨村民一起正常干活了。

尽管北方旱地的农活比南方水田的要轻松,但对我们这些从小娇生惯养的人来说,仍感觉很辛苦,很艰难。铲地时,往往跟不上趟,村民体力好动作快,早早铲到地头可以站那儿抽口烟歇口气,待我们好不容易也铲到头了,他们歇过气又开始新一轮的铲地,我们跟在后面疲于奔命,所以一天下来感觉特别累,好在年轻,恢复得快,晚上睡一觉第二天照样能扛着铲子下地。

铲地的季节,没有什么闲暇时间,那里天很长,每天下地回来都已经是八点左右,洗漱完毕,吃完饭,经过一天的劳作,人很累,稍事休息后,便上炕睡觉,日子倒也过得充实,没工夫想东想西。

那时候最期盼的是下雨,下雨天无法出工,可以睡个懒觉,多日劳累之后休息一天,感觉特别美,那是一种小而短暂的幸福。

北方人少地多,自春苗长出来后,得一轮又一轮地紧着铲地,因为开春后雨水变多,不紧着铲,杂草疯长,夺去地里营养,秧苗就不行了。一直要等秧苗长大,完全压住了杂草,才可以松一口气,但还得继续铲,不过那时铲地主要是为了松土,促进庄稼生长。每年铲地的时间会很长,大概有三四个月之久吧,这是我在内蒙古农村干的最多的活。

其他的活我基本也都干过,如刨茬子,春播之前必须把收割时留在地里的各种茬根刨下,否则会影响播种,茬根分给各家各户,风干后,可以作为烧饭或冬季取暖的燃料用。还有春播时候的施肥,我也干过,那就是提着一个用柳条编的筐,筐里装满粪土混合肥,跟在播种人后面,用手抓肥料撒在种子上,撒后用脚踢土将种子与肥料盖住。之后,基本上没有追

五、逃往远方

肥之说，庄稼就靠播种时那点基肥与地力生长。但播撒种子这种比较重要的事情，一般都安排有经验负责任的村民干，让我们干，他们不放心。因为播撒是否到位，是年成好坏的关键之一。其他各种收割的活，包括割麦子割谷子割高粱割玉米，我都干过，入冬前挖甜菜挖土豆挖地瓜也都干过。

也有干活开心的时候，最开心的是挖地瓜时。按惯例，当天中午会在地边窝棚煮地瓜，大家可以随意吃，吃饱算。挖地瓜吃地瓜时，我又体会到村民的另一种心酸。当天据说参与挖地瓜的都不吃早餐，空肚下地干活，以便中午可以多吃一些地瓜，还有传言说有人在挖地瓜的前一天就不吃晚饭，我有些半信半疑，但当天不吃早饭是确确实实的。只有我们知青早饭照吃不误，我们的粮食管够，用不着像村民那样辛苦算计。有一个叫刘湘华的村民，就住在我们集体户隔壁，那年挖地瓜，他使劲吃，吃到地瓜差不多到了他喉咙，吃到不能弯腰，甚至不能转动身体，有人在后面叫他，他只能直着脖子慢慢转过身，否则地瓜就会从嘴里溢出，活脱一个唐老鸭的形象，他的窘态把大家笑个半死。后面的半天，他是怎么干活的，我忘了，大概干不了就回家了吧。

村里还有一些我确实干不了的活。有一年冬天，我留在村里过年，记得跟着去刨大粪，那大堆的粪土，经过冬雪的融浸，变成了一个巨大的坚硬的冰坨，我学着拿镐头使劲往粪堆上砸，但镐头就不往里去，每次镐头弹起处，只能溅出一点冰花（粪花），试了几回都是如此，只好作罢，承认自己干不了这个活。村里一直传郭宝山力气大，那天正好他也在，在我面前演示了一番他的大力，几镐下去，就能刨下一大块，不服不行。

六、寒冷、风沙与虱子

由于天气寒冷,当地的庄稼都是一年一熟。开春播种后,一般不施追肥,待秧苗长出间苗后就是多次的除草与松土,一直到秋天收割。小麦大概是例外,播种较早,成熟也较快,收割完了后还能种上大白菜,大白菜是村民最主要的冬菜,大家喜欢吃的酸菜就是用大白菜制作的。

十月是秋收的季节,我们男知青在秋收季节大都陆续被安排看大地庄稼,看地轻松,大家都愿意干。这既可以看作是对知青的照顾,也可以看作一种特殊的安排,知青在当地无亲无故,有村民的猪什么的祸害庄稼时,拉得下脸,村里又一直满足对知青的粮食需求,知青没有偷拿粮食的动机,派我们看地应该最为放心。堆放粮食的场院也都安排知青与村民两人晚上一起看守。

把所有收割的粮食运到村中场院堆放后,一年的农活就基本完成了,只有少量村民被安排在场院干活,再有就是大车老板(对赶大车的尊称),队里在冬季常会联系一些运输的副业做,这是现金收入的主要来源。通辽的冬天差不多会持续五个月,除了开春前刨大粪,基本没有其他农活,漫长的冬天守在家的日子当地人叫"猫冬",一天只吃两顿饭,村民们在家喝茶聊天,过得很是悠闲,虽然每个家庭几乎都很穷,但没地方挣钱,只好闲在家里。

秋收后,回老家过年之前,也是知青轻松悠闲的时光。偶尔有一些像轧草那样的活,但不多。各集体户知青开始相互串门,你来我往的,很是热闹。其中有意气相投的,便会成为朋友,经常来往。那时候我在一街村认识一个叫陈国浩的,一度非常要好,后来随知青纷纷上调工作,各奔东西,便断了联系,但我心里仍记得这份过去的情谊。

那段时间也是知青谈情说爱的时光,大家都值青春年少之际,串门时有相互投缘的,难免擦出火花,经常可听到这方面的逸闻轶事,这些逸闻轶事成为调剂我们单调枯燥的生活、增添生活情趣的谈资与佐料。但据我所知,少有最后成功的,那种环境下,大家心里都很清楚,以知青的身份结婚成家,意味着在农村守一辈子，没有谁有这样的思想准备，尽管当时有"扎根农村一辈子"的口号与宣传。

在那种环境下，享受恋爱的过程，也算是自找乐趣吧。我自己，却没有这样的心情，串门时看到有长相性格中意的，顶多就是心里会想：将来我要能娶这样的女子为妻就好了。以后有机会再见面，会默默地多看几眼，如此而已。也许这就是所谓的暗恋吧。明知道没有出路，不敢有太多的想法，我是那种很会克制自己的性格。

当然也有一些个案，离我们不远的三街村就有一对知青相恋而有了孩子，最后结婚了，我想那也只是偷吃禁果之后的无奈之举。不过他们的结局却很好，后来双双调回浙江老家，也有了工作。我很佩服他们的勇气，我自己是打死也不敢。他们的事情表明，好多事情，只要你勇敢地走出一步，未见得就跟大家想象那样是走到绝路。有句话说得好：船到桥头自会直。

据我所知，也真有那样的：在农村时相恋相守，待后来离开农村有了工作，才终成眷属。这是真正的有情人。

那里的冬天是真冷啊，据说最冷的记录是零下34度，有一年我没有回老家过年，赶上最冷的一天，最低气温是零下28度，印象最深的就是：在屋里用热水洗的衣服，拧干了去外面晾晒，刚抖搂几下挂到绳子上，刚才还冒着热气的衣服就已经冻了。

让人生厌的还有那无处不在的虱子。开始发现有虱子，以为把它掐死就行了，哪知道这东西繁殖力特别强，在被你掐死之前，早有无数的卵下在衣服的各个缝里，之后就会发现自己身上虱子不断。向村民抱怨时，他们会笑着告诉你：没有虱子还是人啊？让人哭笑不得。记得有一次我坐在一老乡家的炕沿上，忽觉得从上面挂毛巾的铁丝上掉下一点东西到我身上，定睛一看，竟是一只虱子！在那种地方，长不长虱子不取决于你个人的卫生习惯，而取决于你所在的环境。时间一长，无奈之下我们也只好接受现实，慢慢适应了与虱子共存的生活。

跟虱子一样令人生厌的还有风沙，不过虱子是一年到头如影相随，风沙则只是季节性的。每年开春后是刮风的季节。起风时，蒙天蔽日，十几步外看不清人，犹如北京雾霾最严重的时候。刚去的时候，有老乡向我们介绍当地的气候特征，说他们这里是"有山没有树，有树没有鸟，有河没有水，刮风石头跑"，我们只当笑话听。不过看到附近的辽河确实常年无水。只是在第二年春天，才真正领教到风沙的威力，一两个月里，几乎天天刮大风，人走在路上，那风夹带着沙土刮在你脸上，钻进你身上的每一个缝隙，要多难受有多难受。播种前后，正是风沙肆虐之时，尤其是播种施肥时，风过处，也不知道吸入的是粪土还是沙土。我们之中最难受的恐怕是黄寅生,他眼睛最大,还是双眼皮,风沙天劳动后回来,数他脸上带回来的沙土最多。四街有大片的沙土地在村西北与东北,那里地域宽广,没有什么遮蔽,风最大,狂风中夹带的沙土也最多。老乡跟我们说,过去没有搭窝棚时,赶上风沙大时,去那里干活的人只能钻进麻袋里吃饭,不然会吃进去很多沙土。

每年快过年时,我们这些从南方来的知识青年,大都会选择回家过春节。回家之前,向队里申请预支一些现金,那是半年多辛苦劳动的成果。这方面,队里也对知识青年特殊照顾,当地村民干一年活,很少能分到现金,大多数家庭是因为人口多历年下来一直欠队里的口粮钱,所以虽然天天干活,到头来只是能领到口粮,分现金是不可能的,家里若需用现金,就要靠自己想办法解决,譬如偷偷搞一些副业。那时节,养鸡养鸭都有数量限制,养多超过限数就成了资本主义尾巴,轻则"割除"了事,重则还要遭批判,养猪也是如此,所以各家要想手里有点现金很难。

那时的农民真是苦呢!

有些村民即使不欠队里钱,想从队里支钱也很难,因为队里没有什么现金来源。也许可以卖余粮换钱,但粮食价格异常便宜,不合算,再说有余粮还得留着,因为每年按规定分配给村民的粮食根本不够吃,村民常要跟队里"借粮",说是借,其实就是预领,即预领明年的口粮,所以队里绝对不能把粮食卖了换现金,要不待村民来借粮时,你告诉他们说没粮了,那可不行。村里的干部虽然文化程度不高,但政治觉悟不低,都很清楚社会主义不能让人饿死的道理。

到了内蒙古农村,我才真正理解什么叫"寅吃卯粮"。多少年来,当地的村民就过着这样的日子。

七、人生不想如此度过

记得当初刚到四街村时，欢迎队伍中有一个叫刘江的，初次见面交谈就觉得很投缘，于是我们成了好朋友，他也喜欢看书，但苦于无书可看，我带去了一箱子书，成了他的香饽饽，集体户里无处可放，后来我干脆就把那一箱子书都放他家里。后来我知道他父亲是村里当了多年的会计。有时候我会去他们家串门，他母亲对我很热情，我就叫她刘婶，到她家，感觉就像到了自己亲戚家一样。刘江有一个妹妹，叫刘彩霞，十一二岁的样子，见我一口一声哥的叫，对我可亲热了，送我出门时，还会拉着我的手，好像我真是她哥似的。

每逢她们家有什么好吃的，都会派小彩霞来叫我，有一次小妹妹又来叫我，说她妈有事找我，待进了他们家，发现炕桌上放着一个热腾腾黄灿灿的烤面包，就一个，刘婶连声催我趁热吃，我有些不好意思，但刘婶说他们已经吃过了。这个面包，我一辈子都没有忘记，每次我回四街必带着礼品去探望她。记得退休前几年我又去时，刘婶已经很衰老，与她小儿子一起住着，我给了她一笔钱，之后每年过年前，我都会汇一笔同样数额的钱给她，直到她终老离世。在我心里，这每年寄给刘婶的钱，就算是我对当年那个面包所体现的情义的回报吧。

还记得有一年夏天，连续下了几天雨，集体户的房子由于没有像村民那样年年抹房顶，漏得很厉害，屋里到处都有雨水往下滴答，真像杜甫诗里所说那样"床头漏雨无干处"。实在待不下去了，我就跑到刘江家借宿，刘婶当然满口答应，不过晚上为我铺就的被褥，到现在我也忘不了，被头与枕头都是污黑锃亮的，当时真的很恶心，但又不能说，已经来了，就只能忍着，年轻时那么好睡，那晚上我竟没怎么睡着，总想着自己好像是枕在泥污上睡觉。第二天天刚亮我就急忙告辞，借口挂念集体户房子的漏雨情况，连早饭都没有在他们家里吃。对我来说，他们家被褥的脏，与他们家对我的热情，记忆一样地深刻。后来耳朵里传来说刘婶对自己的公公不够孝顺，我很遗憾，但我没有太在意，孝不孝顺是他们的家事，但刘婶对

七、人生不想如此度过

我的好是实实在在的，我不会忘记。

刚到四街那年，我18周岁，刘江与我同年。两年后，他结婚了，娶了本村的一个女孩，分家出去住。从此我与刘江的来往少了，但仍与他父母家保持着很近密的关系。据说刘江结婚后分家出来单过时，分担了他父母家的一部分债务。几年后，刘江自己有了好几个小孩，日子过得很艰难，成了过着寅吃卯粮日子的新一代农民。

我很同情他，同情他的艰难，同情他的命运。年纪轻轻，他已成了几个孩子的父亲，身上背了一屁股还不清的债。这就是他作为青年农民的人生，也是当时绝大多数农民的人生。如此悲惨的宿命，很少有人能挣脱，幸亏之后有了改革。

我的人生，可不想这样度过。

当时四街村里几乎都是多子女的家庭，我猜想是因为北方农村计划生育执行得不是很严格。但当我了解真正的原因时，我无语了。那是因为每多生一个孩子，就能多分一份口粮，但孩子小时几乎不消耗粮食，所以就能为大人所用。至于今后，那今后再说吧，这大概是村民当时的想法吧。

关于刘江，还有一件事让我不能忘记，那时刘江还没有结婚，有一年的五月节（端午节）前夕，刘江叫上我一起去大队部，说要去给四类分子开个会，他那时大概是民兵排长。我们进队部时，村里的那些四类分子早早就等在队部，刘江上前讲话，意思就是过节期间不要乱说乱动之类的，话没说几句，刘江不知为什么突然就怒了，脱下他自己的鞋，朝着站在前面的几个劈头盖脸地扇过去，一边扇一边嘴里怒骂着："叫你不老实！叫你不老实！"现场一片混乱，之后有人出面拉住才罢手。我一直在后面看着，其实那些被训话的人都一动不动老老实实站着，连大气都没有敢出，他们哪里敢"不老实"呢？对这些人来说，大概每年过年过节都是他们的劫难日。经历这样的场面我很震惊，以后再没参与，觉得未免太过残酷。后来四类分子被普遍摘帽，对比之下，觉得今天的社会更像一个法治社会，无论出身，只要你守法，那你作为公民的政治权利将会得到保护，而不是像之前那样，人被分类，不是因为你现在的行为，而是你的历史或是过去拥有的财富，其中一部分人被确定为敌人，处在社会的最底层，是所谓专政的对象，几乎所有的权利都被剥夺，并殃及子女。

那时候，贫下中农虽然在政治上被赋予优势地位，但却始终没有改变他们在经济上的穷困。建国二十余年，他们不但没有摆脱贫穷，贫穷反而开始在代际传递，这确实让人为之嗟叹。人们因此而绝望，绝望产生的戾气会找地方发泄，那些在政治上处于弱势地位的倒霉蛋，到时候便成了这种戾气的发泄对象。

记得村里有一个叫李云阁的人，有一天行走在村里时，停在路边的一辆马车的马突然惊了，拉着大车东奔西突，车老板不在，眼看就会出人命，他奋力去制住惊马，马车被停住了，他却被轧死在车底下。这算是一个救人性命的英勇行为吧，本应表扬宣传，并对家人妥加抚恤，却因为他是地主身份，死了就死了，没听说有什么说法，可怜他家里的孤儿寡母！

王义是另一个让我印象深刻的人，就住在我们集体户对面不远处，有时候会过来与我们聊天，他记性极好，解放前后凡有名的人物，他大都能说出子丑寅卯，让我们这些"知识青年"相形见绌。他不是一个普通的农民，之前曾在外地有工作，三年困难时期，因为家庭出身不好被精简回家，一次铡草时不小心被铡去了食指，村里照顾他当了专职记工员，虽缺了一个手指，仍不妨碍他写一手好字。印象最深的是他第一次知道我名字后，说"嘉"字好啊，当即吟诗为证："士本天下大丈夫，口称万岁又三呼，一品冠帽头上戴，加官加级加爵禄"，这虽不是他即兴创作，但不假思索脱口而出足见他的学识与记性，让我好生佩服。有一次他又来集体户串门，进屋后看见墙架上有一瓶止咳糖浆，说"这东西好啊"，随手取下拧开瓶盖喝了两口，那是我因为咳嗽刚从街上买的，自己才喝了一次，见状不及阻止，只好认了，干脆就做个人情送给他。刚去不久还讲究一点卫生，至后来经历与农民聚餐时一碗酒轮流喝的场面，也就不再穷讲究。王义有一个妹妹，我们刚去时与妇女队一起干活时她也在，人很聪明，只可惜长相与她的聪明成反比，有一年我从老家回四街时，听说她已因病离去，她才20出头年龄，好可惜。农村那时候因缺医少药年轻轻就离世的人不少，我们去到四街时一个姓童的妇联主任，也年轻轻就离去了。后来听说王义恢复了工作，搬去通辽城里住。去年我们回访时，约他兄弟俩吃饭，90高龄的他仍然康健，我们为他庆贺。他兄弟王军，我当年选调工作时曾找他帮忙，他的一个高中同学当时在通辽组织部工作。

还记得村里有一个叫李国有的，比我年长一点，好琢磨事，有点与别人不同的想法，名字也取得怪，那时候土地都归了集体，难道人还想"国有"？好几次，在地头干活的休息时间，他会凑到我跟前，用树棍在地上划一个字，然后装着请教的样子，问我那字怎么念，什么意思。这些字都很冷僻，问十个有十个我不认识。然后他会露出得意的神情嘲笑我：这也不认识？言下之意是我们这些被称作"知识青年"的，其实也不怎么样。我猜想他是在前一天晚上扒弄新华字典，从中找出一两个冷僻字，估计我不会认识，自己先记住了，第二天来考考像我这样算是文化程度比较高的，出我洋相，以此为乐。不过我并不在意，觉得完全不用为不认识冷僻字而难为情，这些字，我估计大学中文系的教授都不见得能认全，何况我一个初

七、人生不想如此度过

中毕业的,不认识有什么关系呢?不过,他有时候说的一些话,会让我沉思,记得他说:"你们有什么呀?不就是生在城市吗?"我还真反驳不了他的说法,这是整个制度安排的问题。那时候城乡分割,农民不能离开农村,城里人到农村也会觉得不寻常,他对我们这些城里来的所谓知识青年,不仅对我们的"知识"不以为然,对我们在村里受到的照顾不以为然,也对我们有被抽调去工作的机会也不以为然。他的这些想法也不是完全没有道理呢!后来我们回村里,在街上碰到他与他攀谈,他竟然不记得我们了!有人告诉我们他得病了,大概就是老年痴呆症那样的病。不知道他得此病是否与他平时好琢磨、思想怪异有关。

八、木匠生涯

四十多年前,在浙西北一个特别偏远的山村,春夏之际,出现了一个陌生的年轻人,此人20出头年龄,个子不高,身形显得瘦弱,但眼睛明亮清澈,只是神情中总带着忧郁,脸上少有笑容,也从不主动与人搭话,村里人知道这是肖木匠新收的一个徒弟,他母亲是镇上卫生院的护士。当时村中空地旁有一家人正在盖房子,很多天,那新来的年轻人就在那空地上一个人默默地用双把刮皮刀不停地刮盖房用原木的树皮,再就是手持长柄斧头一下一下地砍那已刮去树皮划出线的原木。晚饭后,年轻人经常会一个人坐在肖师傅家门口,一动不动地久久望着远处的大山沉思。

这年轻人就是我,上面描绘的就是我本已淡忘现

八、木匠生涯

在从记忆深处浮现出的几十年前的场景。

那应该是我下乡几年之后,具体哪年我记不清了。那年我来到这偏远山村跟师父学艺。出于我母亲的面子,师娘叮嘱我师父每天早半个小时让我收工,也从没有要求我帮着干任何家务,唯一有时候让我有点招架不住的是师父的独生儿子,有时候会胡搅蛮缠,幸亏有师娘挡着,也没有把我怎么样。有时候我们去往外村给人做家具,师父看我累得不行,也会接过担子替我挑一段。我知道平常情况下跟人当徒弟可不会这样好过。师父及师父家人,一半当我是徒弟,一半当我是客人。我还可以时不时溜去父母那里歇两天。所以那段时光,其实苦与累的感觉不是很强烈,印象最深的是孤独与忧郁,对未来的郁念,对前途的忧思,深刻而绵长,埋于我心底,欲除而不能。当我一下一下刮着树皮抡着斧子的时候,当我挑着沉重的担子行走在乡间漫长小道上的时候,当我按师父要求刨着那堆积成山的板料的时候,我会情不自禁地联想起通辽大地那长长的地垄,好像都是没有头,一如我的前途。

记得早年间我曾与康生同学之间有过一段小小的争论,那时康生已从部队复员回来,他坚持说在部队挖坑道那是最苦,我争辩说没有在农村插队苦。其实我想表达的意思是说,当人觉得苦有头,对苦的耐受力就会加强,因而不能算最苦,而当觉得苦无出头之日时，则会觉得苦不堪言，那是最苦。

在我去这个山村学艺之前，我其实学过一点基本功。那是有一年冬天，我照例从内蒙古回浙江老家，在湖州我姐姐家住着，平日里姐姐姐夫上班，我一个人在家闲着无事，也是无聊至极。一天，我姐夫问我想不想学木匠，说他有一个很要好的木匠朋友，姓方，在湖州边上双菱镇木器厂上班，如果我愿意，他可以为我安排。我心想，反正也是闲着，学点木匠技术，也许回内蒙古那边也能用上，就答应了。这样我就在那个镇上我姐夫朋友的家里住了一个多月，按他的要求，练习刨、凿、锯、磨刀以及划线等基本功，他还帮着置办了斧子刨子凿子等一些基本工具，教我如何制作刨具，如何为新斧头开刃等，现在回想起来，这一个多月，时间不长，可能学到的比当学徒一年学到的还要多，我姐夫这朋友显然是毫无保留地把能教的都教给了我，他应该是我学木匠真正的启蒙师傅。我后来在山村里待的时间虽长，但说句实话，主要是帮着干一些粗话，学到的东西有限。

之后我从我姐姐家到父母家，我母亲知道我在湖州跟人学了一段木匠，问我想不想继续学，她说她认识一个病人，她老公是木匠，想学，下次她再来时，可以问问她。我答应了。后来就来到前面我提到的那个偏远山村，叫上庄，师父叫肖银生，他家住村口不远处的公路边，我在那里住了有半年多。

记得刚到的第二天,师父指着家里的小凳对我说,你自己在阁楼上找料,今天就在家打个小凳试试。说完他就离家走了,没有教我怎么做,我也没问他怎么做,但他知道我以前跟人学过一段。师父走后,我拿起小凳琢磨了一番,那是那种四脚往外扒的小凳,几乎每家每户都有,我听人说起过这种小凳,看着不起眼,其实不好做。我没有做过,但我觉得似乎能做,可以照手里的凳子依样画葫芦,万一做不成,或者没有做好,也没有什么,因为我本就没有正经学过,我也没有对师父夸口说我能做。于是我就开始动手:取来凳面板料,下锯时,我在两头适当多留出了一些,因为担心装配时卯眼可能会从头里胀出;刨面板时,不仅把板面刨平,而且整块板的厚薄务求一致,上下前后四个平面相互的直角关系务求精确,那是觉得因为面板的卯眼是歪斜的,不那样,划线时容易出偏差,划线若出了偏差,小凳肯定做不好;腿的角度取了15度,将活动角尺固定死,保证使用中角度不变;四条腿先保持方型,待榫头加工完毕,装配前再将四条腿的外侧加工成柔和的弧形,这样可以保证划线更准确,便于与凳面连接的榫肩加工更到位。算是运气吧,第一次尝试,我竟把小凳做成了,放在地上,很平稳,榫卯之间结合也算严密,当然,时间花了长了一些。

晚上师傅回家,拿起我做的小凳翻来覆去端详了一番，微笑着说："还行。"师父与我一样，也是少言寡语之人，能微笑着首肯，我就当是很满意了。这样的小凳子，几年后我又打了一个，也挺成功，可见并非是我碰运气做成。

我有一位师兄，年龄比我大一点，他是村里人，不在我师父家住，他见我做出了那小凳，很是诧异，虽然师父告诉他说完全是我自己做的，没有教我，但我估计他不会信，八成在背后怨师父偏心，学艺好几年了，他仍没有学会做小凳，他对我说："师父没有教我。"做小凳，在我看来不是很难的事情，对我师兄来说，没有师父手把手的教，就似乎是天大的难事。

这是我平生第一次觉得自己像是有点知识的样子，觉得没有枉被称为"知识青年"。

做小凳的要领是不是我说的那样，得问舟棠同学，他应该最清楚。舟棠是正经的木匠师傅，我一度准备跟他做，他也同意了，但最终没有成，是我自己后来改变了主意，回通辽了。跟着舟棠做，终是看不到前途，回通辽，我盼着哪一天也能轮到我自己，脱离农村，有一份正式的工作。后来，我去了铁路工作，听说我当过木匠，就分配我做了木工，除了烧锅炉的半年，我在铁路工段实实在在做了两年半的木工。之前，在四街村里做了一年多，主要是帮老乡打家具，打完了老乡无需给现钱，只是将相应的工分划给我就行，所以老乡们很愿意，因为每家每户都欠队里的钱，不划给我，他们也不能从队里分到钱，等于没有花钱。有时候也帮队里做。总之，回通辽后的那一年多，没有再下地，免去了风吹日晒之苦。

大学毕业后在富阳工作时，我去看望我师父，师父很开心，把我带给他的酒与烟放在厅堂桌子上，来人便介绍说，这是徒弟带给他的，还带着骄傲介绍，说现在徒弟是国家干部了，是"上等人"了。这样的介绍着实让我汗颜。也让我不由得记起小说《远大前程》中的主人公，本是铁匠徒弟，后继承遗产有了钱，回去探望他师父，也被他师父称为"上等人"。我不喜欢这样的介绍，也从不以为自己上了大学当了干部后就高人一等，我崇尚人人平等的理念。但我也理解，农村人之所以这么说，其实也是当时现实情况的反映，那时候，农民被禁锢在土地上，长期缺吃少穿，让他们感到自己活得就像"下等人"。好在后来有了改革，农民生活改善了很多，部分富裕起来的农民，过得比城里当干部的都滋润，若今天我再去拜访我师父，他大概不会再像以前那样介绍我了吧？改革就是好呢！

世事难测，谁能想到我这个当年人们眼中可怜的小木匠，后来竟然会成我师父眼中的"上等人"！没人能预知未来，这就像我那时候闲坐在师父家门口沉思着望外看，能看到大山的这边，却无法看到大山的那边。

活到今天,我终于明白了一个道理,那就是:无论何时何处,无论前途看去多么暗淡无光,都应该保持乐观的心态才好,因为无论是乐观还是悲观,日子都要一天天过,不如学会苦中作乐,让自己过得轻松快活一点。

九、坚守到最后

现在回想起来,最初在四街的时光,心情还是比较轻松的,至少不是很沉重。只可惜好景不长,不久人们便各奔前程,集体户开始人心不稳。最早是吕焕良,集体户的"户长",一年多后便被抽调去附近镇上的粮站工作,让大家羡慕不已。更早的时候,田焕娥离开了集体户,据说投奔了她在陕西的亲戚。马凌云回家去照顾她卧床不起的母亲,一去好多年。与我一起下地干活最多的黄寅生,两年后投奔了她在辽宁的表姐,他曾是我的精神依托,每逢他一天劳作回来痛苦呻吟时,让我觉得我比他坚强,他离开了,我的这份依托也随之离去,我有点失落。再接着,马伊青,马凌云的侄女,办病退回了嵊州老家。我自己,有一年回老家过年，鬼使神差，学起了木匠手艺，一年多后才回四街。其他人，后来有去师范或煤校念书的，有抽调到通辽市里或在余粮堡镇上工作的。几年后，马凌云母亲去世，她回到了四街，自那时开始我们相互有了好感，磕磕碰碰多年后最终她成了我妻子。马凌云回来不久，即被抽调去通辽工作，她离开四街的那天，我正好在刘婶家干木工活，送别后回到刘婶家，我失声痛哭，为离别，更为自己的前途，不知自己何日才能离开四街。

男人也需要宣泄，一阵痛哭之后，感觉轻松多了，擦干眼泪，我继续干我的木工活。生活不相信眼泪，我需要坚强。

一辈子，记忆中我只大哭过两回。另一回，是很多年后在审计署工作期间夫妻间发生争执，忽觉悲从心起，潸然泪下，继而放声恸哭，惊着了我女儿，她应该从未见过她父亲掉眼泪。深度的失望与万般无奈会让我情绪失控，不哭一哭，我会崩溃。我偶尔也表现得不像男人。

马凌云离开后，集体户就剩下丁建民、陈家骧与我三个。又过了一段，附近的霍林河煤矿大批招人，他们俩都去了，就剩下我一个。当时我觉得煤矿工作未免太过辛苦，不会比在四街情况好多少，自己都等了这么久，不如再等一等，也许有比煤矿更好一些的工作。考虑再三后，最后我决定独自留下坚守。只是

九、坚守到最后

后来发生的事情让我有些措手不及,我本以为我在四街这些年,混得很熟,一个人待着,应该没有什么问题,没想到不久公社就通知集体户合并,四街的集体户撤销,我被并到苏家窝堡,同时并到那里的还有盖家窝堡的一个女的,记得叫汪斯迪,绍兴人,据说是老三届高中毕业,她的才气在知青中很有点名气,不知为何竟也落拓到与我一样的地步,我不知道。苏家窝堡留守的知青叫汪仁尧,我们认识,都是嵊州人。新的集体户就我们三人,我们有一个共同点,都是不愿意去煤矿而留守下来的各集体户的最后一人。

如此一撤并,离开了我生活多年的四街及熟悉的四街乡亲,我觉得自己就像独自飘浮在水面的一颗浮萍,异常孤单,也很有些凄惨的感觉。好在搬过去不久,有一天公社让村里问我愿不愿意去余粮堡法庭当代理文书,我当然愿意了,不然我在人生地不熟的地方,真不知道今后的日子该如何过呢?那应该是1976年初。

那一年,发生了好多大事,先是1月份周恩来总理去世,汪斯迪听到噩耗后痛哭流涕,我虽然也很敬爱周总理,听到噩耗后感觉悲哀,心情沉重,但没有流泪,表现得很克制。也许是因为自己是男人,有道是男儿有泪不轻弹,也可能是人在那种环境下,由于太过担忧自己的前途,连自己敬爱的伟人去世应该有的悲痛感觉都淡化了。7月初朱德逝世,当月末又发生了唐山大地震。记得发生地震的那天夜里,睡梦中大家感觉房屋晃动,不知道发生了什么事,纷纷逃到屋外,事后才有消息传来说是唐山那边发生了很大的地震,我们那边离震中比较远,所以除了震感,基本没有实质影响。那次大地震死了很多人,但事先一点预告都没有。接着毛泽东主席在9月份去世,与全国各地一样,余粮堡公社也举办了追悼会,追悼会现场悲声雷动,很多人哭得最后瘫倒在地上。置身其中,我也泪流满面,表现得好像死了自己的亲爹娘,或者说比死亲爹娘还要伤心。毛主席去世,每一个人心头都很沉重,似乎都有这样一种感觉,觉得毛主席逝世了,整个中国就失去了主心骨,很多人对国家的前途感到担忧与迷茫,有一种主席去世了天要塌、地球要停止转动的感觉。

那一年也是"四人帮"被打倒的一年,那时我仍在法庭上班,大家举着标语上街游行,庆祝打倒"四人帮",拥护英明领袖华国锋主席。世事变得真快,昨天还是叱咤政坛的风云人物,今天就突然成了人民的公敌,成了阶下囚。生活在基层的芸芸大众,包括干部,是不可能了解中央最上层发生的事情的,但无论中央发生什么事,无论发生的事情多么不可思议,最实际的应对办法就是:不多想,也不多问,跟着就是。就像1971年的林彪,昨天还是人人敬仰的永远健康的副统帅,突然消息传来,说他驾机叛逃,

九、坚守到最后

在蒙古境内坠机死了。记得传来消息的那天晚上,村民们集合在队部,每个人都被要求复述林彪叛党的故事,不过关,不准回去睡觉。到最后,村民的复述就被简化成这样:林彪反对毛主席,乘飞机逃到蒙古,掉下来死了。林彪是毛主席最亲密的战友,宪法确定的接班人,为什么要反对毛主席?没人思考这么深刻的问题。人们只是说,林彪的眉眼长得像奸臣,这种说法在农村最能被人接受。

我在法庭代理文书时间大约有半年时间吧,没什么事,过得很轻松,还有一点伙食补助,村里给记工分。庭长在通辽城里住,不常来,有时候庭长下乡处理业务我就陪着,或根据庭长的要求起草一些文件,譬如离婚证书等。记得有一个天津女大夫,因夫妻感情破裂申请离婚多年,终于被法院批准,离婚判决书是我用蜡纸刻印的,我字写得还行,但刻蜡纸一般用的仿宋体没怎么学过,用平日书写的手法刻蜡纸字不好看,记得那女大夫来法庭拿到离婚判决书时,嘴里在嘀咕:法院的判决书,不能写得正规一点啊!我听见后觉得真有点抱歉,如果我继续在那里待下去,我会练一练刻蜡纸的功夫。

毛主席逝世不久,下来一个去铁路的招工指标,说来也凑巧,原来在一街小学当老师的鲁占山,被调去公社党委当了副书记,我在队里看地时时常会去学校,认识他,感觉彼此都有一些好感,我去找他帮忙,那个指标就归了我,最后我去了通辽铁路工作。

挣扎多年,我终于离开了农村,有了一个正式的工作。

汪斯迪最后去了哪里我不知道,她高中毕业,若去考大学,肯定能考上。但我知道汪仁尧最后去了余粮堡镇的服装社。有时候我会想,假设最后是我去了镇上的服装社,我会怎么样?我大概不会甘于一辈子在这样一个小镇上工作,恰逢1977年恢复高考,我一定会努力去试一试,凭我的基础,也许更早就能考上大学,那我今后的人生,可能又会大大的不同。

回首往事,我在农村八年,体会最深的是艰苦的劳动,理解最多的是农村社会,印象最深的是农民的贫穷,遗憾最多的是自己的青春虚度,忧思最多的是自己的前途无望,后悔最多的是无谓郁念。

从18岁到25岁,我把最宝贵的青春年华抛洒在这一片土地上,深感遗憾。有人对这一段历史持肯定态度,认为农村的艰苦劳动磨炼了意志,让我们这一代得以坚强面对今后的生活。我很难苟同这样的观点。

看看现在的年轻人,18岁正是上大学的年龄,18岁至25岁正是他们学知识长本事的时候,25岁差不多研究生都毕业了。反观我们,我们得到了什么?

九、坚守到最后

什么也没有,只有"坚强",但坚强解决不了生计问题,之后面临下岗,只能默默吞下生活强加给我们的苦果。

现在四十来岁的年轻人,很多人已成为公司的主管,成为家庭的顶梁柱,成为社会的中坚力量。我们这一代人四十来岁什么样?很多人被迫下岗,下岗后找不到新的工作,因为没有社会所需要的知识与技能。年富力强的年龄,不仅不能挑起家庭的重担,反而成为家庭的累赘,不仅不能为社会作贡献,反而成了社会的负担。我们又有什么理由去赞美那曾经流逝的青春岁月?

对这段历史持肯定态度的人,应该是运气不错,他们大概在农村待的时间比较短,后来也没有遭受下岗的厄运。不同遭遇的人看法自然不同,这不奇怪。

今天,集体户的插友相聚在一起,笑谈往事,在集体户的共同生活成了友谊的纽带,我们彼此相识相近,被看作是一种缘分,我们在内蒙古农村那些艰难岁月经历的所有负面的感受与体验,无论痛苦还是悲伤,忧虑乃至迷茫,无论是煎熬还是挣扎,沮丧乃至绝望,也无论是孤苦还是无助,懦弱乃至逃离,以及失落、屈辱、惆怅、悔恨等等,现在无一例外都成了轻松的回忆,成了任由大家分享的宝贵的精神财富。同时,我们还学会了理解、同情、宽容、感恩与满足，学会了忍耐、振作与坚强，学会了与困难作斗争。所有这些，足以让我们面对今后生活的任何挑战。

但无论如何，我相信没有谁愿意再去重历这样的生活。

十、错失良机

从农村出来,我到了铁路工作,那是1976年秋天。

那时候有个说法,称银行是金饭碗,邮局是银饭碗,铁路是铁饭碗。这三个饭碗之间虽有差别,但有一个共同的特点,就是只要端上了,就很稳定,不担心哪天饭碗会被砸。到了铁路工作,才知道铁路工作很辛苦,因为工作大都在室外,尤其在北方,冬天天寒地冻,工作环境很恶劣。再就是流动性大,乘务员算是铁路里体面又轻松的岗位了,但他们一年有一半时间不着家,其实也不容易。我的工作也是,每天都在铁路沿线搞维修。后来证明也并非什么铁饭碗,别处工人下岗,铁路也不能幸免。据我所知,我们班有三个同学曾在铁路工作，除了我，另两个是徐志炎与陶伯钧，志炎据说在苏州电务段上班，伯钧在杭州南星桥货运站，我去过伯钧那儿多次，托他办过很多事，还曾在他宿舍住过一晚，作为同学，他表现得很有情义，其实中学期间我们交往并不多，对伯钧，我一直心怀感恩。

我自己在建筑段当木工，相比之下，应该是我的工作最辛苦，建筑段的主要工作之一就是维修铁路沿线站区的房屋，每周一背着行李带着工具出发，到某一个站点找间房子住下，大家睡一个通铺，周六下午下班后才能回到驻地城市。一周吃的米及菜也得在周一出发时自备，菜只能带酱或者咸菜一类的，因为其他的都放不过一星期，每一个周日都必须把下周的食品提前准备好。

工作虽然辛苦，但刚从农村出来，那种满足感还没有消失，铁路工作再苦，总是要比农村日出而作日落而息的劳作轻松，工资虽低，但有保障，也算有了立家之本。刚去时，我拿的是学徒工资，每月17元，一年多之后转了正，提前了，大概对下乡知青有了新政策，不然按规定要等三年学徒期满才能转正。转正工资升到40.40元，这是铁路系统的最低工资，比当时地方上的工资要高出一截，那时候地方的最低工资一般不会超过35元，如果不论工作环境仅以收入论，在铁路上班算是不错的工作，穿着铁路的工作服走在

十、错失良机

街上，投来的眼光大多带一丝羡慕。只是时间长了，从农民到工人的满足感逐渐退去，才觉得眼前的工作环境实在太为恶劣，工作太过辛苦，心想着要是能换一个室内的轻松一点的工作就好了，譬如在段里的木工车间上班，风吹不着雨淋不到，不用天天泡沿线搞维修，当然也只是想想而已，我知道那是不可能的，我一个外地人，无亲无故，那样的美差，哪轮得到我，眼下做一个木工而不是泥瓦工就算是自己的造化。

在农村时，抽调到城里有个工作，曾经是我梦寐以求的愿望，及至到城里当了一个铁路工人，又觉得这样的工作和生活，自己无法满意。

高考恢复的消息传来，是1977年9月，听到消息后我基本上没有反应，一是考虑到自己才初中毕业，不可能考上；二是觉得自己这种家庭背景，即使成绩合格也不会被录取。只是那年高考结束后消息传来，说考题特别简单，不仅老三届高中毕业的去考没有问题，个别胆子大的初中毕业生去考居然也考上了，这确实让我心动。但更让我心动的是，那年考生中出身不好社会关系复杂的，居然也被录取了，只是录取的学校差一点。铁路公寓里有一个围棋朋友，叫赵淳，是天津知青，高中毕业，据说曾得过天津市数学竞赛的名次，那年参加了高考，成绩自然很好，但受家庭出身影响，最后只是被当地的通辽师范学院录取。但对我来说，只要能考上，什么学校我肯定不会计较。据说那赵淳入学后便成了编外教师，因为那些在职教师的数理化水平远不如他。

现在回忆，1978年我是在犹豫中度过的，虽然心动，有想参加高考的意愿，但仔细想想，毕竟心虚，时间过去十几年，除了语文，初中学的东西都忘得差不多了，若贸然去考，那成绩合格的可能性太小了，总觉得有比较充分的准备才行，否则好事不成反成笑料，也太没面子。

时间就在犹豫中一天天过去，犹豫让我失去了一次改变我命运的绝佳机会。

1978年我没有去考，但那年发生在我身边的一件事着实刺激了我。建筑段与我同一工区的一个工友叫侯三妹，与我同时入职，她男朋友姓曹，诸暨人，也是同一年来通辽的知青，当时在通辽市建筑公司工作，我们认识。也是初中毕业的他，悄悄参加了1978年高考，考上了，录取在通辽师范学院。这让我觉得很后悔，后悔自己胆子太小，行事太过谨慎。我决定明年，就是1979年，自己也一定要去试一试。

决心既下，我便着手收集复习资料，数学、政治、历史、地理等，书店里能买到，语文的我不需要，窃以为自己的功底够了，记得乡下书柜里有一本三角函数自学课本，因此特意回插队的村里取了来，那书上的扉页上盖着"嵊县中学图书馆"的章，记

十、错失良机

不清是自己借的还是在"文化大革命"期间趁乱拿的。这样的书当时书店里买不到，很宝贵。高中数学我就准备专攻这个，其他内容我就不准备学了。

一切准备停当，有那么一个周一，结束一天的劳作，吃完饭又洗漱完毕，趁屋里的同事在喝茶聊天之际，我便找一个灯光较亮的角落，开始看我的书，不想看书刚入境，忽听我师傅大声说道："该睡觉了，睡觉了，明天还得干活呢，大家早点休息！"完了又听他小声嘀咕了一句："看什么书！"说完没几分钟，就听"啪"的一声，灯灭了！这"啪"的一声，差不多也把我高考的希望也灭了。

我虽然没有影响大家休息，但我知道我看书触犯了大家，那是一个愿意大家都不读书的年代。我不记得我跟他们说过我想参加高考，却不难被猜到，因为我看的是一本历史复习资料。其实那天离平时熄灯休息的时间至少还有半个多小时，为了不让我看书，他们每一个人都作出牺牲，提前上炕睡了，这是一种明确的姿态，给了我很大的无形的压力。因为白天干活时需要相互配合帮助，如果我坚持看书，会被孤立，我知道在一个小小的班组里被孤立的滋味可不好受。

平时不能看书，那就只剩周末的一点时间，周六晚上，加周日一天，而周日也并非整天可以看书，至少得洗个澡，衣服必须得洗，下一周的伙食也需要准备。看书的时间太有限，所以我当时一度就觉得高考成功的希望很渺茫了。

多少年之后,因为怀念我回去过通辽无数次,每次我都会请我师傅吃饭,也请班组里其他的师傅,每次还带给他们礼品,我是真心诚意的。随着岁月流逝,我早已不记恨我师傅,也不记恨我班组里的师傅们,记忆中只剩下大家在一起共事的情谊。"啪"一声传递给我的不友好,当时虽让我不快,毕竟最后并没有影响我考上大学,并且我还不仅自己惊讶也让段里所有的人深感意外地考了高分。人大概都这样,事情成功后会更愿意原谅别人的不是。何况此事多少也要怪我自己,后来我想,若自己懂得提前与我师傅沟通一下,或者与班长沟通一下,也许结果会好很多,可惜我没有这份伶俐。我以为,工余时间看书是我自己的事,而世上之事远没有那样简单。

环境如此艰难,但我最后还是考上了,这不是我有超常的能力,而是凭借运气,那年冬天,我的运气来了。

十一、命运之神眷顾

我这个人，待人接物一直是我最大的弱项，活到今天，这方面虽有些许进步，但也好不到哪里去，那是需要从小培养的。其实我自思待人还算诚恳，只是不善言辞，那也许是我奶奶教诲的副产品，那时候所谓内秀也算是一种被人称道的品质，只是到了需要表达的时候，难免力不从心，少不了出洋相。不善言辞，也就不善于交朋友，也不知道如何讨人欢喜。进入社会后，我在这方面的青涩，让我吃了很多苦头。

在铁路工作那段时间，我不仅与我师傅关系一般，与工长的关系也不好，那工长姓吕，年轻气盛，嘴巴尖利，不高兴时，词语尖酸刻薄不留情面。不知道为什么从一开始我就没有入他的法眼，好长时间，他跟我说话时都没有好声气，总让我觉得好像我做错了什么事，让我很难受。我希望能与他改善关系，只是不知道怎么去做。记得有一次我为工友理发后，当晚未及时将头发清理出屋，第二天早上大家在工区集合时，当着大家面被他劈头盖脸地痛骂了一番，话说得要多难听有多难听，我固然有错，但也不是什么大错，责备几句也就是了，用不着大动肝火，不过是因为平日里看我不顺眼借故发挥罢了。当时有一个叫白文选的建筑段工会干部（大概那天晚上就是为他理发），因为家不在通辽，与我暂时同住在工区办公室，他觉得我人不错，也看出工长对我有成见，多次在工长面前为我抱不平，但每次他这样做之后，工长见我时的脸就拉得更长，大概以为是我让人去说项。这种状况持续了很长时间，我只能忍着。后来那工长看我干活还算认真负责，工友们对我的评议也都不错，对我的态度逐渐缓和了一些，我这才松了口气。

工长是木工出身，木工都喜欢好的木工工具，有一次在与人议论木工刨，说北方找不到做刨身的好木材，我对他说："南方的黄檀木不错，要不等下次我回家给你带一块？"他笑着未置可否。此事我记在心里，回头真给他带了一块黄檀木的刨身毛料，他欣然接受了。

日子一天天过去，我仍每周出线维修，每次虽都带着一本书，但看书的机会极少，只是周六晚上回到通辽后，才有一点比较集中的时间看书复习，不管怎样，我的大学梦仍在坚持。

忽一日，在工区遇工长，他把我叫到一旁，问我是不是愿意到锅炉房烧锅炉，我未加思索便一口应承下来，当时还只觉得冬天烧锅炉是美差，不用出线在外，不必挨冻受罪，当然直觉也告诉我，也许会有更多的时间让我看书。去了后的实际情形，我只能说是喜出望外。那时工长其实还不知道我准备参加高考，所以不能说他这是在有意成全我，之所以给了我这一美差，也许是对以前错看我、错待我的一点点补偿，当然，我想那块木头及其体现的我主动改善关系的诚意，应该起了很大的作用。

通辽的纬度比北京还往北，冬天的供暖期也更长，北京是四个月，通辽至少再长半个月。供暖的锅炉房有两个人值班，24小时不能断火，工作其实很简单，就是不时往锅炉里添煤保持燃烧，观察温度计保证锅炉里的水温达到要求，观察锅炉中水位是否适当，偏低时就及时往里注水，同时时时关注锅炉的气压表，保证气压正常，确保安全，每天早上清炉，把清出的煤渣推到外边，把外边的煤运到锅炉房里，就这些活。

与我一起值班的是个老头，每年烧锅炉都有他，对我挺客气，没有为难我，也许他人本质上不错，也可能他觉得，我年纪轻轻，又是外地人，能被派来烧锅炉，肯定与领导关系不错。他告诉我，两人轮班，上班24小时，休息24小时。几天下来，工作我已胜任。心里美得不得了，不仅上班时间可以插空看书，后半夜也可小睡，因此下班后只需小补一觉，有大量的时间可以供我看书复习。

这个冬天，我的生活就是锅炉房—宿舍两点一线，摒弃了所有的不必要，包括交往，静心读我的圣贤书。平日下班后或周末，有时会有朋友或同事来访，很让我为难，其中有一个叫王克勤的天津知青，到我这里最勤，后来我摸索出一个办法，有人进来，我便为他泡上一杯茶，寒暄几句，再不主动开口，只听他说，来人无趣，坐一会儿便会告辞，我也不留。我知道这样做有失礼貌，但也顾不得那么多，我总不能陪着他没完没了地聊天，待考完试再向他们道歉便是。

这是一段苦行僧一般的生活。

转眼到了第二年春天，经过一个冬天的准备，虽不能说是信心满满，但已觉得有很大的可能考上，这种自信，不仅来自于自己多日里潜心看书复习，也来自于我对那时候历届所谓高中毕业生水平的判断。"文化大革命"以来，学生的大部分时间都是在政治学习与劳动实践中度过，文化知识，老师不敢教，学生当然也学不到，其实学生也不想学，因为不知道学了有什么用。那时候的学生，真正叫不学无术，不仅数理化不咋的，语文也好不到哪里去，那时候他们连小说都读不到几本，而语文水平是与大量的阅读分不开的。高考恢复后时间不长，多年来落下的学业想要补上不容易。基于这两方面的因素，我想，我虽然不可能考得很好，但比起他们可能还是有一些优势。

1978年我们段里有一个所谓高中毕业的年轻小伙子曾经报考过，结果考得一塌糊涂，都没好意思跟人说考分，据说总分都不到100分，之后也没敢再去考。他的事是我们工长告诉我的，考前我向他请十天事假，他知道原因后便告诉我这个小伙子的故事，意思大概是：人家高中毕业都考成那样，你才初中毕业你行吗？但最后还是在我的坚持下准了假。

我逐渐自信满满，只是万没有想到，前面竟还有更大的坎在等着我，这个坎之高之难，我差一点就没有迈过去。

十二、终跃龙门

1979年招生简章的发布时间，我记不得了，但那年招生简章对我的打击，这辈子我都不会忘记。简章里说：1951年8月31日后出生、高中毕业或同等学力者，可以报考。

如果说前面提到的我师傅"啪"一下拉灭电灯是一记闷棍，我被打晕了但又能醒过来，那招生简章里面对年龄的硬性规定，就像一纸终审判决书，宣判我的梦彻底破灭，再无复生的余地。

拿着那张登载招生简章的报纸，我独自愣了好久，我心里那个冤呀！想想啊，这半年多我是怎么熬过来的！半年多，我全部的闲暇时间，全埋头在那些枯燥无味的教科书里，半年多，我不看电影，不上街，

十二、终跃龙门

甚至连写家信我都嫌浪费时间,我拒绝一切交往,冷落了很多朋友,我每天尽可能少睡觉,把吃饭洗衣服时间当成休息,终于觉得快熬到头了,难道这就是我等来的结局吗?当时我想,倘若我没有付出那么多,倘若我没有那种辛勤付出后信心满满的感觉,得知我没有资格考,那也许就算了,心理容易平衡。可到了今天这个地步再让我放弃,这结局对我来说未免太过残酷。

不行,我得想想办法,无论如何我得试试,我打定主意。左思右想后,觉得唯一的办法就是改自己的出生日期,我没有"李刚"那样的爹能帮我修改我的户口记录,要改,我只能自己改,就是直接在报名时把自己的出生日期改成合格。虽然我知道那经不住审核,很容易穿帮,但管它呢,反正穿帮了也不至于有什么严重后果。但万一呢?万一审核时没有那样认真呢?

记得招生简章发布那天晚上,我躺在床上辗转反侧,一夜无眠,第二天起床,我觉得自己想清楚了:第一,我不能放弃,若简单放弃我对不住无数个日日夜夜的辛苦付出;第二,我申领填表时不能如实填写,如实填写那与放弃无异;第三,此事我不能与任何人说,哪怕对最好的朋友。总之,我打定主意要去试一试,不然实在心有不甘。试了,不能参考,那我认命;让我去考了没考上,那是我无能,我也认命;

考试合格，最后因为年龄原因没被录取，我也认命。重要的是，我努力过了。

之后我去招生办公室，填了报考申请书，记得只是出示了一下工作证，不需要单位介绍信。万分幸运的是，报名几天后，我收到了准考证。我很开心，至少我有了一个通过考试证明自己的机会。我所做的与我所想的，就是所谓的"尽人事，听天命"吧。

报考时出生日期那一栏我填了1951年12月1日，对这个日子，我没有什么太多的考虑，只是想离规定的时间远一点可能会好一些。前些天看电视，偶尔发现蒋介石竟也是这一天出生，但这完全只是巧合，我可不想与他搭上！

之后，这个日子就成了我的法定生日。每每当别人向我庆贺生日时，我总有些别扭，因为我清楚这一天其实不是自己真正的生日。

有一年回父母家，母亲送我一支英雄牌铱金笔，说是她工作的卫生院发的，有人不要，我母亲折价从别人那里受让了一支，送与我哥与我。那年高考我就是用这支笔答题，考上了，我觉得那是一支幸运笔，一直精心保存着，后来在杭州考研究生，也是特意用的这支笔，又考上了。我有时候有点迷信，但迷信看来也没有什么坏处。

那年高考结束后报上登载的有关答题的笑话，五花八门，真真能让人笑掉大牙。其实当时我考完语文

十二、终跃龙门

从考场出来,听见不少人在议论:"多多益善"是什么意思呀?我就知道,我应该是很有希望的。

考完之后,我就又出发去沿线上班了,没人问我考试的事,我也没对班组里任何人说,但我猜他们是应该知道的,因为我向工长请过十天事假,考试的两天我也必须请假。我嘴上不讲,心里当然一直在惦记,关注着高考成绩公布的时间。有一天周末回家,我估摸着时间差不多了,特意去一个老乡亲戚家打探,他姓刘,在通辽市教育局工作,他告诉我,说我考得很好,是整个地区文科第二名呢。我好惊讶,当然也很兴奋,我只感觉自己考得还可以,没有料到这么好。

当然,这与内蒙古的整体教育水平也有关系,相对江浙一带,内蒙古的水平肯定要低一些。我后来回嵊州碰着曾经的班主任张都老师,他问了一下我的考分情况,特别是语文的考分,说:"这分数在浙江省可以上杭州大学。"

具体的考分是在我去探问后的几天公布的,周六下午我从外线回到工区时,认识我的人都笑着与我打招呼,向我祝贺,工长也满脸堆笑地对我说:"行啊,为我们工区长脸了,为我们建筑段长脸了!"我回应:"没有没有,多谢工长,谢谢工长安排我烧锅炉。"他说:"也就是你,换了别人,让他烧锅炉也不会像你这么努力。"据说后来工长数落人时又多了一句:

"有本事你像人家李敦嘉那样,也去考个大学……"段里人事股有个姓郁的干事,碰到我,夸我道:"你考得太好了,怎么考的呀?我儿子才考了240多分,比你差不多少了100分,你太不简单了!"她儿子考的是理科,后来我知道被录取在通辽师范学院了。

我自己当然也心花怒放,尽情享受着成功的喜悦。但我心里知道前面还有一道很大的坎,迈不过去,就前功尽弃,空欢喜一场。那就是填志愿。有铁路中学的老师建议我:既然上了重点大学分数线,又在哲盟名次靠前,第一志愿可以填报吉林大学试试。我嘴里嗯嗯着,心里却立即否决了这一建议,我不敢。我的想法是,我应该找一个稍差的学校,即使提档时发现出生年月有误,看在我考分高的份上,也许会睁一只眼闭一只眼让我过了,好的学校报考人多,审核也必然严格。另

为伊熬得人消瘦
-上大学那年

外我也极想在浙江老家找一所学校,譬如杭州大学那样的,那是最好了,但最后只找到唯一的一所——浙江冶金经济专科学校,校址在建德,倒是满足了我的两个要求:一是学校不太好;二是能回老家。

又一个周六,我从外线回来,觉着录取通知书该

十二、终跃龙门

来了,到传达室一问,果然有我一封信,果然是录取通知书!最后一块石头落地,我欣喜若狂,一路挥着雨伞朝公寓奔去,引无数路人投来诧异的目光。那舞着雨伞一路狂奔的样子,至今还深刻在我脑海里。那把纸雨伞,恐怕是在整个通辽独一无二的,那是我1966年步行串联到湖南湘潭,在去韶山的路上,遇下大雪,临时在路上买的,一直带在身边,只是这一次,我把它留在了通辽朋友手里。

录取我的就是浙江冶金经济专科学校,具体的过程是不是像我事先设想的那样,招生老师看在我考分高的份上,对我年龄不符合要求睁一只眼闭一只眼,还是根本就没有发现我年龄有问题,我不可能知道。不过上学后有一次在操场碰到一位姓赵的老师,是当年在内蒙古的招生老师,他听了我自我介绍后说:"哦,你就是李敦嘉呀,我有印象,你考分挺高的,怎么填报我们学校了?"我笑着回答:"想回老家呗。"我当然不会告诉他真实的原因,弄不好被退回去,那就惨了。上学后我发现班里有一个山东来的同学,考分比我还高一点,毕业后有一次他说起他报考这个学校的原因,他是担心自己眼睛斜视怕其他学校不要,这才填报了这所不起眼又地处偏僻的学校。是呢,没有理由,谁愿意考了高分屈尊到这个学校呢?

身临绝境,我没有放弃,连蒙带骗,我奋力一搏,终于跃上了"龙门"。

人在环境逼迫之下,会释放出难以置信的潜力。

着火时,平日里看似无缚鸡之力之人,可以拎两桶水飞奔去救火,事后他自己都不敢相信。我大概就是这样。

经历无数磨难、痛苦与煎熬,我奋力一跃,终于在浴火中得到重生,完成了凤凰涅槃般的壮举。我虽然只考上一个不起眼的学校,我的人生却由此有了根本性的改变。我相信,那让我长期自卑的家庭背景,对我的前途影响已经不大。从此,我的人生道路打开了新的篇章。

后来的事态发展证明,因为这一跃,也让我摆脱了铁路精简时面临下岗的命运。

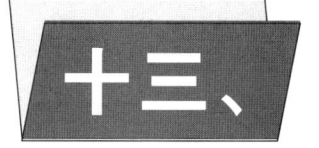

十三、多余的话

因为高考时隐瞒年龄,很长时间,我一直有一种隐隐的担忧,生怕哪天会有人找上门,告诉我:由于

与同学老师在建德母校留影

你高考时瞒报年龄，现在被发现，根据规定你必须得退学。想多了，夜里真会出现这样的梦境，醒了后才发现是虚惊一场。但我也相信，只要我自己不说漏嘴，被人知道的可能性极小。我明白，虽然事情本身不严重，但对我个人可能有极严重的后果，因此嘴封得很紧，多年来连家人都没有告诉，直到我毕业后很多年，我觉得威胁完全消除后，才偶尔会对我家里人，以及一些关系近密的朋友提起。这次疫情期间在中学同学微信群中提及此事，有同学很是惊讶：原来年龄也可以自己改呀？也许言下之意是：早知道，我也可以试一试呢。

对此事，我心里一直有一种负疚感，觉得好像自己做了一件不该做的事，只是后来了解到，其实国外的大学，一般都没有对考生的年龄限制，有报道发生在欧美国家及澳大利亚的故事，说有八九十岁的老人，完成本科学业或取得硕士学位，在这些国家，只要你愿意，只要你具备相应的资格，无论多大年龄都可以申请上大学。改革开放一些年后，我们也与国际接轨，取消了高考学生的年龄限制，于是今天也有六七十岁的老人为实现多年的夙愿参加高考的故事。不仅如此，今天身体残疾的人也一样可以参加高考，我觉得这是社会的巨大进步。过去的制度设计，可能更多的是从社会效益角度去考虑，年龄偏大或身有残疾的人上大学，被认为不经济，而忽略了个人的发展需求与自由。

如此我便实现自我救赎，心中的负疚感也终于释怀。

因为超龄几个月，我被剥夺了高考的权利，若不是我不顾一切奋起一搏，便失去了改变我自己命运的大好机会，等待我的，恐怕也是像其他在铁路工作的同事那样，几年后无奈下岗的结局。

很多年之后我才知道，1977年高考恢复出题之前，教育部委托有关部门对当时高中毕业学生的文化水平（我猜限于数理化学科）做了一个调查，结论是那时高中三年级的水平相当于"文革"前初中一年级的水平。因此出题当然也要基于这种现实。我由此曾突发奇想：若我们同学之中有人第一时间得到这样的信息，然后动员我们班大家都去参加考试，那我们初三丙班恐怕会轰动全国，也能为我们张都老师带来无上的荣耀。

还有那政策发生实质性变化的信息也一样重要。多少年后看电视剧（《历史转折中的邓小平》、《大江大河》等），我们才知道，1977年恢复高考时，由邓小平拍板，参加高考不需要单位批准，录取时真正重在表现（就是没有重大过错）。这一变化，其实已经从1977年高考的结果中透露出来，那一年，一些家庭出身不好的考生最后也被录取了。

多年来的政策一直强调，对家庭出身不好的人

"重在表现",但经验告诉大家,说得难听一些,这就是一块遮羞布,就是让大家感到政策是公平的,出身好与不好都一视同仁,实际上满不是那么回事。由于多年来实际执行的标准及导致的惯性思维,很多人当年就是担心自己"政审"不会过关,才没敢去考。

2019年秋天回嵊州时,有一次与成飞同学在路上走,他告诉我,由于多次在选调上学或抽调工作的过程中都是政审未过关,让他失去了信心,因而也就没敢去报考。我听了默然。他没有及时捕捉到1977年高考结果中透露出的变化,让人遗憾,否则以成飞的聪明,若去考,必然能中。

曾任北京燕京华侨大学校长知名度颇高的华生先生(前些天微信里有传他的文章),据说1977年高考时数学成绩为零,那也被录取了,他是1953年出生,算来最多就是当时的初一,按正常情况那应该是小学毕业,想必他也不是出身书香门第受益于家教,否则数学成绩怎么可能为零?可见,若抛开上述的政治因素,当时真是谁胆大谁就有可能考上。雨塘同学提到的当年考上杭大的初一同学,无疑是个胆大的主,很多老高中生都心怯,他就敢!

现在回头看,1977年与1978年两年无疑对整个老三届,无论是高中毕业还是初中毕业,都是天赐的千载难逢的最佳机会。命运之神向我们招手时,只要胆子够大,只要能把握信息,只要意志够坚定,很多人都能圆大学梦，遗憾的是仅有很少的人把握住了机会。还有同学们提起的那考上没去的，过些年若面临下岗的命运，恐怕会把肠子都悔青，考上了不去，患得患失，目光未免短浅。

我自己，由于及时醒悟，总算抓住了机会的尾巴，算是幸运。

前些天，有朋友忽然传来一条信息，题目是"近日网上热传某大学工农兵试卷"，内容如下：1975年，该大学对新入学的大一新生（理科生）数学基础测试题：$1/3 + 1/5 = ?$ 有人答题：$2/8$。这朋友并不知道我在回忆恢复高考时的事情，这时候发来这信息，纯粹是巧合。这样的水平能进重点大学读书，还是理科，可见当年凭推荐上大学的政策是多么的荒唐。虽然不能由此推论当时所有的学生水平都如此之低，但一个班里有这么几个学生，即使经过几年的学习，整体的水平也不会好到哪里去，这用木桶理论可以说明：木桶容积的水平，取决于最短的一块木板，其他板多长都没有用。如此下去，要想培养出人才几乎不可能。在一个科学技术作为主要生产力的时代，不恢复高考，没有发展必需的人才，我们国家真是不会有希望。

记得恢复高考的头一年，农村一些地主富农的子女通过考试上了大学，贫下中农意见很大，当时报上曾登载反映这种不满情绪的文章，但由于中央决策坚决,之后就没人提了。在农村,多年来上大学成了贫下中农子女的专利,其实事实也并非完全如此。最近在百度上翻阅1979年高考的资料,正好看到当年一位考生写的一篇文章,他也出身贫下中农,但他说,在过去的推荐制度下,他这种家庭是轮不到上大学的,机会都给了村里干部的子女,至少是村干部的亲戚。只有恢复高考后,他这样普通家庭的贫下中农子女,才有机会通过自己的努力考上大学。他自己当年是考上了一所中专。所以,所谓贫下中农有意见,恐怕也就是那些干部及干部子女有意见。

考试的事情说的太多了,不再提。人这一辈子,不是非得上大学才有好的发展,但上大学确实能给今后的发展提供一个更好的平台或者说出发点,因此,有机会上大学,我认为总是好事。这个不用我多说,否则为什么现在大家都希望自己的子女上大学呢?

当然,现实生活充满着多样性,有人愿意去读书,有人则愿意踏踏实实地做其他的事,人各有志,且三十六行,行行都能出状元。我还记得有这么一个故事,发生在法国,说某研究所里有一个年轻技工,没上大学,但聪明能干,研究人员有什么想法跟他一说,回头他就能做出相应的东西,所里人都觉得离不开他,有中国留学人员为他可惜,问他:"你如此聪明,为何不去大学深造?"他回答说:"我就喜欢这样的工作。"可见,不同的国家不同的文化,对择业对生活有不同的理解,就如同在这场疫情面前,不同国家会选择不同的应对办法,难说谁对谁错。在个人的发展上,选择可以不同,关键是机会应该公平。

20世纪70年代的事情,很遥远了,现在回头再看,当年去读书也好,留在单位继续工作也好,今天都无一例外都成了老头老太太,对过去已经无所谓对错,无所谓好坏,无需后悔与遗憾。所有的一切,都只是故事。我们今天面临的最重要的就是如何保持好的心态,健健康康、开心地活着。我讲述的这些故事,只是希望能给这些天被迫宅在家的同学们带去一点佐料,以减轻失去自由的郁闷,这同时也是这些天我自己消磨时间的一种方式。

十四、人各有志

"有人连夜去赶考,有人辞官归故里",这两句总结人生百态的话,从来就只是当作街巷里弄中炫人耳目的谈资来听,但这样离奇的人生故事却真让我在现实生活中碰到了。

那是1986年,我在北京读研究生的第二年,基建专业有一个叫李国潮的同学,申请退学,真真让大家惊诧不已。同学们都劝他,劝他哪怕再坚持一年,把规定的课程读完,这样便可取得研究生毕业证书,以后再想着要硕士学位,就可以回头申请,如此可以留给自己更多选择的余地,但他听不进去。研究所领导多次找他谈话,也没有用。他去意已决,最后还是离开了。大家都为他惋惜,那时候有机会读研究生还是挺难得的,多少人想考考不上呢。

后来有知道内情的同学告诉大家,说李国潮的父亲在老家安徽那边养鸭赚了钱,但人手不足,觉得他儿子读研究生毕业后也挣不了几个钱,就动员他儿子退学跟他养鸭去了。那时候,硕士研究生毕业的工资才82元。如果家里因一路供他读书借了债,靠这点工资仅还债就需时日,更别提帮助家里改变穷困状况了。那时候从农村出来的学生家里欠钱是很普遍的现象。

我猜测,李国潮的父亲也许就是担心政策有变,过了这家村没有那家店,今后是否允许个人养鸭致富,难说,所以急急把儿子找了回去。当然,这样的事情最后还得他儿子自己同意,应该说,我的这位同学也是很有主见之人,放弃这样好的机会,一般人很难做到呢!

后来我们同学聚会时常会提起这位退学的同学,但谁也没有他的信息。也许我们的遗憾与担忧完全是多余的,他虽没有读完研究生,但有了本科毕业的教育背景,已足以让他在今后的人生道路上、在商场的比拼中占有优势。退学意味着走出体制,成为自由人,没有了体制的束缚,没有了退路,也许更有利于他在今后人生道路的拼杀中充分释放自己的能量,也更容易成功。

也许今天的他,比我们之中的任何一位都发展得更好,也许他早已发家致富,成了当地有名的企业家,也许我们应该庆贺他当年的决断而不是为他遗憾。

但无论如何,我是不可能放弃读研究生的机会去养鸭子的。

我在富阳机关几年的工作,让我有某种窒息感。我虽胸无大志,但也不想年纪轻轻过这种"一杯茶一张报"的生活。我以重点本科的考分,却上了大专,多少有些遗憾。我觉得自己应该有潜力,可以去考研究生试试。这就是我当时的想法。

如果能考上研究生,毕业后,我相信我的人生道路将会更加宽阔,我有可能留在像杭州那样的省城甚至北京工作,那里有更高的视野、更大的发展空间、更多的选择工作的余地。我向往今后在这么一个单位工作,在那里我不再是一个无足轻重、可有可无的人,在那里,通过自己的努力,我可以获得某种成就感。

人是很容易安于现状的,尤其是在环境相对宽松时。

在通辽我有一个叫门凯的朋友,天津知青,人很聪明,他后来碰到我时说他有一点后悔,当年没有像我一样去参加高考,原因就是当时他在单位当汽车驾驶员,那是一个大家都认为不错的工作岗位,他结婚时,单位又分了他一套房,比起其他同龄人,无论工作还是生活,他都有优越感,就没有想着再努力。

而我没有他那般的幸运,情势逼迫之下,出于本能,挣扎着去考大学,结果有了一个更好的未来。

当年我在富阳时,工作体面,也不愁分不到房子,熬的时间长了,还可能混个一官半职,今后一辈子可以在富阳过安逸的生活。这对我何尝不是一种选择,之前受过那么多苦,其实我可以满足。

后来听我姐说,当年父亲听说我要去考研究生,不理解,他认为我在富阳机关工作已经很好了,但他没有当面对我说。

工作体面有保障,生活舒适安逸,会形成一种软困境。人落入这样的软困境中,会满足于现状,不思进取。软困境好比一张无形的网,没有异常的勇气,很难挣脱。

人还是需要有一点忧患意识的,所谓无远虑者有近忧,这话不错。

在富阳时,我的忧患意识来自于对现状清醒的认识。周围大批电大毕业生都有我一样的学历,我没有多少优势。我天生讷言寡语不善交际,这种性格在政府机关工作没有什么出路。我也许工作生活可以无忧,但要想有发展则不乐观。人总是想有所发展的。

我有摆脱这种软困境的愿望与勇气,我觉得自己也有摆脱的潜力,于是我选择了"挣扎向前"。在非情势所迫下,克服安于现状的惰性,需要很大的决心。我做到了。

1984年我去考了一回,抱着试一试的态度,考前准备不充分,差一点,没成。第二年便又去考,有了第一次考试的经验,准备也更充分,结果成了。

为了考上研究生,我没有少受苦,毕竟少了大学专科到本科这个环节,很多知识要自己补上,尤其是高等数学,我只学过微积分,研究生的考试科目中,还包括线性代数、线性方程与概率论,都要想办法自己补上。英语也是,差距比较大,当时富阳中学的温老师帮了我很大的忙,他爱人是化肥厂的财务科长,我在财政局工业股上班,与她有工作上的联系。考完后自我感觉英语这门课我应该考得不错。其它缺的知识,相对要好办一些,买来书,自己看就行。

在北京读书期间,有一个谭姓同学告诉我,说他偶尔有机会查阅了我们班13个同学的考分,我的考分排在第六位。看来我没有辜负自己努力,也证明自己确实有进一步发展的潜力。

如当年考大学一样,考研究生同样也是多少个日日夜夜的苦读,酷暑天汗流浃背依然坚持,冬日里跺着脚看书没有放弃,一样也是摒弃娱乐,摒弃交往,摒弃生活中的很多乐趣,记得大年三十那天晚上,我只看了半小时的新春晚会,就决然回到书桌边。

还记得那年考研前去杭州医院体检,一位年龄与我相当的医生拿起我的体检表一看,嘴里就轻声嘀咕：这年龄了，还折腾什么呀！他虽然说话轻声，我却听得清楚。那是 1985 年，我三十四岁。我有大专文凭，在机关工作，女儿刚出生不久，我也不清楚自己为什么还要折腾，大概是性格使然。我是这样一种性格：不太安于现状，只要有机会，我便会去努力争取，去为自己的未来创造更好的条件。努力付出后能得到什么，很多情况下我并不清楚。之后在我身上发生的故事，都证明了这一点。

国家不能老折腾，老折腾社会就会乱。个人不一样，折腾折腾可能会别有天地。

如果说与考大学时有什么区别，那就是考研究生时心态更为放松，考不上，我觉得也没有失去什么。而我努力过了，这很重要。

我能争取到来北京读书的机会，算是自己的造化了，绝不可能轻言放弃。

就我而言，我认为读研究生对我更有利。我对自己当初来北京读研究生的选择，从未后悔。

人各有志，各有各的情况，各有各的想法，各有各的选择，这才使人生变得丰富多彩。

十五、"你家可真穷啊!"

我毕业后到审计署工作的第二年,我把老婆孩子接到了北京。一天,一家三口逛街,地摊上有一塑料制发箍,红色主干上用黑色窄带编织成菱形作为装饰,被我女儿看上了,戴上一照镜子,便不肯摘下,嚷着要买。我一问价钱,要 25 元,觉得贵,摊主看我女儿喜欢的样子,便不肯再让价。买还是不买?我犹豫了好一会儿,因为 25 块钱比我工资收入的四分之一还要多,而我又不愿意让我女儿为这小小的心愿没实现不开心,最后我还是咬咬牙买下了。这发箍至今我还保存着,作为纪念物,每次整理杂物看到它,都会让我想起那时的窘境,它让我永远记着囊中羞涩时的感觉。

十五、"你家可真穷啊!"

其实我倒不是怕缺钱被人看轻,而是生活中确实处处需要钱,不仅日常开支需要钱,家里添置家具电器,女儿上幼儿园上小学,都会产生额外的开支,双方父母那边遇事也可能需要钱,因此生活上不仅要量入为出,而且还多少应该有点积蓄,以备不时之需。我在富阳工作三年,结婚生女,工资又低,勉强维持生活,家中没有积蓄。北京读书三年,自己靠研究生补贴维持生活,女儿靠她妈养活,更别提什么积蓄。妻女接来北京前,将家中物件半送半卖,也不值几个钱。在机关工作,挣的就是那有限的定数,加上孩子他妈做临时工的收入,也是勉强维持生活而已。总之,他们刚来北京那段时光,家里很困难,唯一的办法就是省着过,不是生活必需品就尽可能不花钱。我女儿那时尚幼,不会理解我这当父亲的难处。

我女儿上小学时,通过同事介绍认识了一位姓刘的退休老师,通过她帮忙,我女儿得以进中关村一小念书。中关村一小是海淀区的重点小学,而我女儿那时候连户口都不在北京,进这样的学校着实不容易,为此我欠刘老师一份挺大的人情,答应如今后出国给她一个购物指标(后来我从意大利回国践行了我的诺言),当然在其他地方也为刘老师提供了力所能及的帮助,她帮了我,我把她当成朋友看。那时候社会还没有到托人办事直接数钱的地步,不像现在。当然,对学校得另外交钱,叫教育赞助费,我记得是2000

元。交赞助费时我没有丝毫犹豫，尽管家里交完赞助费后所剩无几，因为我认为为女儿提供更好的教育条件是生活中的必要支出，不像给女儿买发箍，发箍可以钱有富余时再买，但交赞助费刻不容缓。

有一天，这位刘老师突然说想到我家去看看，我当然无法拒绝，她到我家后茶都没有喝就告辞了，说还有事要办。我送她到电梯口，告别时她对我说的那句话，我至今一直记着，她说："你家可真穷啊！"她是真把我当朋友看了，不然这样明显伤人自尊的话语，换个人真说不出口。我当时听了之后对她笑笑回答说："是呢，很穷吧。"我心想之前我们一家人挤在一个小办公室时比这更可怜。我没有生气，不是出于礼貌，而是真的没有生气。也许我也真把她当成了朋友，朋友之间不生气。

虽然我也渴望拥有金钱，虽然我也想在别人面前有体面，但不知为什么，那时候我觉得自己对穷富并不太在意，也没有因为家里穷产生丝毫的自卑，所以即使换别的人对我说这样的话，我也不会生气。如果我很注重经济得失，那当年我就不会选择来北京念书。记得我还在读书时，富阳财政局一个要好的同事来看我，对我说："你这是何苦呢？你看我，每月收入超过200多元，最近还分了一套房子。"我也没有因为他的一席话产生丝毫的悔意。

我有我的想法，钱我以后可以去挣，但我的教育背景,却是很多人缺乏并且今后也很难弥补的。有一个受人尊重而体面的工作,但挣钱不多,我愿意接受这样的生活前景。如果因为我读了书而能挣到更多的钱,那当然更好,我相信这是完全有可能的,后来的事实也证明了这一点。

那时候我刚从单位分得半套房子,那是一套小三居的房子,我占了其中两间。房子中间有一个过道般的小方厅,靠一边墙放了一张可折叠的长条形桌子,桌子底下塞着几张凳子,那是我家吃饭的地方。一间小房间,里面铺着一张大床,是用两张小床拼接而成,再就是墙边的一个双层文件柜,这个柜只有三条腿,缺的那条腿用一摞书本垫着,那是我们一家三口的卧室,床与柜都是从单位借的。另一间稍微大一点的长条形的房间,靠窗放着一台25吋的牡丹牌电视机,那是两年前北京亚运会前夕买的,电视机对面的三人布质沙发,是我花50块钱买的,电视机与沙发,是我们家仅有的属于自己的财产。沙发旁边另有一张有两个抽屉的条形桌,供我女儿做功课用,它与电视机下的小课桌,也是跟单位借的。

我们家没有冰箱,没有洗衣机,没有空调机,甚至没有洗澡设备,当然家里也没有装修,水泥地面每天用拖把拖,干净得发亮。

我们家这种状况,既因为刚搬家不久,也因为手里确实没有钱,家中本来有一点积蓄,但为女儿交了赞助费之后，就几乎空空如也了。

那应该是 1991 年，而我家看去显然像是生活在 20 世纪六七十年代，唯一不同的可能就是家里有一台彩色电视机，那时候没有这东西。所以刘老师对我家穷的慨叹，我能理解。

家里虽然穷，但事实上我那时候心情却很好，因为刚刚分到房，终于结束了之前一家三口挤住在单位办公室的日子。

我们单位马路对面有几栋高层住宅楼，据说是建行员工的宿舍楼，每每晚上看到高楼里透出的灯光，自己都禁不住会想：哪天我也能住上那样的房子就好了！哪怕是一居室。那时候最大的愿望就是想有一套属于自己的独立住房，卫生间里有洗澡设备，随时可以洗热水澡。

分到房子，梦想成真，心中的喜悦自不用说。并且分到的还是两居室，虽然是与人合住，但事实上那人一直没有过来住。那时候在北京，分到房子非常不容易。

心情好，也因为我对自己的生活前景充满信心，我相信这一切都只是暂时的，我们会慢慢好起来的。

刘老师来拜访之后不久，家里就安装了淋浴设备，之后，该有的，我们慢慢都有了。1993 年我在意大利期间，据说富阳一个亲戚出差来我家，看到我们到北京后时间不长又重建新家，家里样样不缺，很是惊讶，直夸我有本事。

十六、知识带来财运

上班下班，时间一天天过去。

一天，在走廊上被吴步春叫住，他是单位司机，好像比我要小几岁，北京本地人，平时跟我关系还算可以。他对我说："有件事，你帮我看看。"然后拉我到他办公室，拖了一把椅子过来让我坐下，又接着对我说："我老婆上班的天龙公司，据说过些天要上市，最近公司给每个员工两万股的认购权，每股认购价格一块五毛钱，可股票上印着的却是一块钱，所以有点犯嘀咕，不知道该不该买。"说完从他抽屉里拿出一张纸递给我，说："这是他们公司的情况介绍，你看看，帮我分析一下，替我拿个主意。"我摊开那张纸一看，那是他说的这个公司的资产负债表，我草草浏览了一下，没太细看其中内容，只注意到表的底部写着几个指标，其中显示每股净资产是 1.94 元，于是便告诉他："如果你说的公司要上市的消息靠谱，那我看值得买，虽然股票票面价值是一块钱，但你花 1.5 元买的却是价值 1.94 元的净资产，这等于公司在上市前将资产折价卖给员工，给大家提供了机会，如果公司上市后应该会进一步升值。"他听我这么说，便又告诉我说："他们公司的很多员工觉得不合适，不想买，愿意转让他们的认购权，只需给 6% 左右的加成就行。"他正在犹豫，要不要让老婆受让一部分。我回答说："应该可以吧。"随即问他是否可以帮我买一点？他拍着胸脯笑着答应："行啊，那没问题。"我说我钱不多，估摸着也就几千块钱，回头我把钱从银行取出来，明天上班我把钱给你。

当天下午我特意提前下班回到家，把家里的存折找出来，数了一下，定期活期加一起，也就 6000 元，其中有一部分是快到期的定期存款，我稍加犹豫，随即便否定了等到期再说的念头，因为这样我可能为一点小利失去一个很好的机会，也许是千载难逢的大好机会。我知道那就是所谓的原始股，虽然加了一点钱，那也差不多是原始股，若是真能上市，必能获利很多。我虽没有经历过，但听到过很多深圳、上海那边发生的故事，听过老百姓为领取股票申购表彻夜排队的故事，听过买到原始股的人发大财的故事。

十六、知识带来财运

我拿着存折抓紧去附近银行取钱。取钱时,那营业员还好心提醒我,说有一部分存款就要到期了,现在取出只能按活期计算利息,太可惜,要不要再考虑一下。我谢过她的好意,但仍坚持把所有的存款都取了出来。

第二天一上班第一件事就是把钱交给吴步春,他随即写了一张收据给我。

一些天之后,我把这事说给杨总听,杨总也认为这是一个不错的投资机会,让我去问问吴步春,能否帮他也买一点,得到肯定的答复后,几天后杨总交给我一笔钱,好像是两万元,吴步春收钱后也一样打了收条。

我知道,做这件事情是有一点风险的。但就我的情况而言,由于是通过单位同事的老婆代为受让,不管发生什么情况,拿回本金应该是没有问题的,损失的就是定期存款提前支取的利息以及投资本金的利息。

风险还在于,公司没有能按计划上市。如果发生这样的情况,那就只能退一步作为长期投资持有,我对这个公司的情况知之甚少,我只知道这个公司是做废品生意的,因此持有它股票结果很难预料,也许会亏损。长期持有还意味着钱被沉淀在那里,无法变现,而我那时候非常非常缺钱,那是我们家全部的积蓄,若今后家里遇事急需用钱,便也是风险,因为我已经囊空如洗。

但话说回来，暂时无法上市，不代表今后不能上市，因此即使如此，今后仍然有机会。总体上讲，我以为机会大于风险，风险可控，成本有限，但是一旦上市成功，获取超额收益的机会应该是有的。既然这样，我还是要搏一搏的，否则那点钱存在银行里，靠那可怜的一点利息，自然是发不了财的

人总得有梦，梦代表着希望，没有希望的人，活在世上的意义便少了一半。

这之后，我便放下此事，不再多想。偶尔碰到吴步春，也只是点头打个招呼，我从未主动问起，倒是他，拦住过我两次，每次都是告诉我委托他买的股票，因为转让者反悔，退回了一部分。具体退回多少，还剩多少，他没告诉，我也没问，只是听了后"啊"一声，表示我的遗憾。而我心里，其实已经有心理准备，到时候收回本金了事，就当做了一枕黄粱梦吧。

没有想到，大约三个月后，这公司竟然真的上市发行了，那是1993年5月。这司机哥们，因为上市前夕在一级半市场转让持有的一部分股票，与人发生纠纷就报了警，并在警察协助下在上市买卖的第一天，抢先把手中的股票全部卖出，记得开盘的价格在每股30元左右，他卖出的成交均价是25元。这都是他后来告诉我的。

十六、知识带来财运

三个月前以1.5元加6%买入,三个月后以25元卖出,大约赚了15倍!若换算成年收益率,那再乘以4,便是60倍,就是6000%!我想那些转让认购权的公司员工,肠子都要悔青,对他们来说,也许一辈子发财的机会就那么一次,可又被他们轻易放过,眼睁睁看着到手的鸭子又飞到了别人怀里,真是太可惜了!

听说我那司机朋友,这一票挣了有100万元,钱太多,一度想辞职不干了。那时候的100万元,对普通老百姓来说,可是天文数字哪!

之后的一天,吴步春通知我到他办公室领钱,他从抽屉里拿出一摞百元人民币,放到桌上,说这是我与杨总的。然后简单向我解释了一下,解释的内容,其他我没有记住,只记得他告诉我他各收了我与杨总1万元的手续费,说是他不能白辛苦。其实我当时根本就没有细听,只是嘴上嗯着,他说什么,就是什么。我心里很清楚,我是不能说什么的,我们之间并没有书面协议,我手里只有一张简单的收据,一切都只是口头的,主动权在他那里,他说什么,我只有听的份,没有争的份,哪怕他最后告诉我,我托他买的股票被全部退回,我也只能接受。

老实说,我曾一度放弃了希望,已做好最后拿回本金的准备。最后赚到了钱,就喜出望外了。我感到满意,我应该满意,毕竟,机会是他提供的,没有他，我挣不到这笔钱。无论如何，我应该感谢他。

我从来也没有算过，假如他把我与杨总给的钱，按当时的价格买下，全部持有到最后，把全部的利益都给我们，应该是多少钱。我觉得算它没有意义，没有意义的事情不做也罢。

我想，也许是他考虑最初是我帮助他分析使他下了决心，又以实际行动坚定了他的信心，不设法最后给我留一部分，说不过去。不管怎么说，他算做得不错了。

后来我仔细回想此事，挣到这笔钱，我除了感谢我们单位的司机朋友，还应该感谢知识。因为我若不是学财经的经济学硕士，这哥们就不会在走廊里截住我问，我便没有机会。我若徒有虚名，肚里无货，不能根据他三言两语的介绍及一张资产负债表，迅速作出判断并得出正确的结论，我也没有机会。他找我算找对了人，而我也由此得益，我在为他提供咨询的同时，也为自己找到了发财的机会。

看来我的书真没有白读，知识为我带来了财运。

这是我人生淘到的第一桶金，金子不多，但很重要，因为那时候我家很穷。

后来吴步春到底还是在单位坚持了下来，没有辞职离开，只是有了钱，工作就不像之前那样卖力了，听说经常请假。

记得前两年他代表单位工会送礼品给我老婆，看

十六、知识带来财运

到我住的房子如此宽敞，甚是叹息。听说他现在还住在几十年前单位分给他的两居室里，我在想，不知道他当年拿挣到的100万元干了些什么，如果他挣钱后由此进股市拼杀，大概率会把挣到的钱赔回去。如果将钱存银行，随着物价的大幅上涨，手里的钱会大幅度贬值。现在回过头看，对任何人来说，最稳妥的办法就是把挣到的钱都去买房子，并长期持有，这比任何方式的投资都挣钱。当时北京的房价很便宜，他挣的这100万元，能买好多套房子呢，若是持有到现在，他恐怕就是资产上亿的富翁了。

十七、四十读博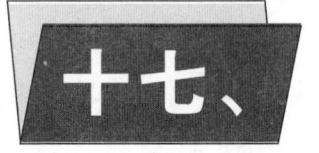

我在审计署十年,先在审计研究所工作了七年,期间在中国人民大学读了博士,取得了经济学博士学

杨总

位,还以访问学者的身份去了意大利半年多。

当年我读硕士研究生是审计署代培的,毕业后自然就到了审计署,被分配在审计研究所学会办公室工作。

我到学会办公室工作,是我导师的意思,若按我自己的意愿,我更愿意到业务司局去。我导师叫杨树滋,大家都叫他杨总,是中国审计学会的常务副秘书长(秘书长由研究所的所长兼任),学会办公室由他直接领导,他还是中国审计学会主办的《审计研究》杂志的总

"君子爱财,取之有道",
——阎教授的教诲我牢记

编。杨总是正局级研究员,没有正式的行政职务,但由于他的资历及学识修养,在整个审计署有很大的影响力。

办公室是中国审计学会的办事机构,负责学会的一些具体工作,审计学术课题的研讨,学会年会的召开,《审计研究》杂志及其副刊的编辑与发行,日常事务都由学会办公室组织进行。开始时杨总有意让我

在杂志编辑方面发展，但我自己对编辑工作提不起什么兴趣，而比较热衷于课题的研究，杨总也没有勉强我。记得有一个关于企业内部控制的课题，那也是我硕士研究生论文的题目，我很感兴趣，花费了很多的时间与心血深入研究，在杨总的支持下，还曾赴山东深入企业调查研究。这方面的知识积累，后来下海去公司工作时证明很有实用价值。

我在学会办公室工作也就三年左右时间，就被提为办公室副主任。我非常意外，之前完全没想过，我觉得那是很遥远的事情。我若留在富阳，想要提为副处级，几乎不可能，可能工作一辈子，退休前熬个副科级待遇就算不错。不过我的那些研究生同学，好多都提得很快，那时候研究生还是稀缺资源，升迁机会比一般人要大一些。我固然有过去工作经历的优势，但我相信，这与我导师杨总的提携有关，不然我不可能这么快就升职。

如果说我一生中有贵人相助，杨总就是。杨总是我一生中的重要贵人，他除了是我的领导，还对我有师生之谊，不仅对我本人的学业工作帮助很大，也对我们全家帮助很大。我爱人，当时户口虽已随我进京，但找工作很困难，最后是在杨总的帮助下解决了问题。

后来从成飞同学那儿知道，在我被提拔之前，所里曾派办公室副主任于汉贵到嵊州找成飞了解我

十七、四十读博

在"文革"中的表现,成飞还根据他的要求陪他到我下乡仅三个月的里沙滩村去了一趟。我不知道他为什么要去里沙滩,也许他觉得我既已在里沙滩下乡,后又报名去内蒙吉的经历有点奇特,其中是否有特殊原因,想去亲自证实一下。当然,他也一定到内蒙古通辽我插队的四街及我工作过的铁路建筑段详细调查过。

在我们国家,提拔一个副处级干部的程序正经很复杂呢。

记得我被提职的前一年,杨总建议我去考中国人民大学阎金锷教授的博士研究生,我去了,也考上了,成了阎教授的开门弟子之一,不过我是"俗家弟子"。我的专业与英语都考得不错,但在脱产与在职之间,我选择了在职,这个年龄,我无力再承担脱产学习的代价,那不仅毕业之后需要重新找工作,读博期间由于没有收入,会让我家人继续跟着我过苦日子。

那年我虚岁四十,已是不惑之年。读硕士时,为我们讲授西方经济学的教授是一位美籍华人,他告诉大家,他当年完成博士学业已经五十六岁了。与他相比,我读博的年龄还很年轻。

我去读博士,也有人不以为然,当时同办公楼中国审计出版社有一个姓徐的老乡朋友曾笑着对我说:"你犯傻呀,硕士研究生够用了,何必再读博士受苦!"

1989年的次年,那一年报考硕士博士研究生的特别少,好多年轻人情绪受影响不想再读书,倒是便宜了像我这样的。

考博士的利弊,我自己有考虑:读了,不会失去什么;不读,时间也照样一天天过去。几年之后,读的人多了一个博士学位,不读的人也没有多出其他什么。不敢说读博有什么好处,但至少没有什么坏处。所以结论是应该去读。在这方面,我是有机会就钻,抓住每一个即使微小的机会为自己今后的发展积蓄条件。当农民当工人时受过那么多苦,读博那点苦应该不算什么,但后来才体会到读博那是另外一种苦。

读博还是不读,毕竟对自己影响已经不大,因此在动力方面,相比之前考大学考硕士研究生要弱,由此也需要更大的决心去克服满足于现状的惰性。也有读博后放弃的,我则坚持了下来。

读博最耗精力的是写博士论文,博士论文是要在国家文库存档的,所以我必须特别认真地写,不然可能论文答辩时会通不过,即使勉强通过,也会有损我导师的声誉。

为方便写论文我特意买了一个二手电脑,档次特别低,不带硬盘,而使用软盘存储时经常出故障,好几次,写了半天的内容,突然就消失了,懊恼之余只能重写。白天上班一般没时间写,只能下班后回家再写。文思来时,放不下手,经常写到后半夜,没有少受苦。

十七、四十读博

论文写完后，一天我照镜子，突然发现自己有了不少白发，睡眠也开始出现问题，之后则日渐严重，退休后，失眠成了我生活的最大困扰。看来，天下确实没有免费的午餐，这世上的东西要想取得都是需要付出代价的，耀眼的博士服后面，是着装者们辛勤的脑力劳动付出及健康的牺牲。

我的博士论文题目是《效益审计的理论结构》，后来修订出书，算是我在学术研究方面的一点成绩或贡献。但我对学术研究其实兴趣不大。那段时间，我也独自编写或与人合作编写过一些专业书，但我在这方面一样也提不起兴趣，有时候做这些纯粹是为了有一些额外收入。

授予博士学位时家人正好在

十八、决定下海

时间一天天过去,转眼到了 1996 年。有一次在楼梯上碰到中国审计事务所的席晟所长,他突然对我说:"到我们这儿来呗!"我也很快回应:"好啊!"没有想到过一些天后我真去了他那里。席所长是我读硕士研究生时同学饶晓秋的大学同学,之前就通过我同学认识他,平日里见面也就点头打个招呼,那天估计他就是随意一说,但我那时还正想为自己换一个工作,最主要的原因是孩子她妈来北京后,与我在一个单位上班,觉得非常不方便。当然也有在研究所待时间长了,想到实务部门工作的意向。工业司与法规司都曾有领导相邀,但我没去,却因为在楼梯里即时的一问一答,就去了事务所。我若去了业务司,会不会

十八、决定下海

离开审计署去应聘金融街公司都很难说,这大概都是命运的安排吧。

在中国审计事务所我干了三年。期间有一件事对我很有意义,值得在此一提。

我们国家的社会审计,当时分成两块:一块叫注册会计师,归财政部领导;另一块叫注册审计师,归口审计署,干的都是同一类工作。

如果说那时两种资格之间有什么区别,那就是:注册会计师资格,年纪大的一般都是通过评审取得,年纪轻的则需要通过严格的考试才能取得,而注册审计师资格则全部是通过评审方式取得。1995年两类资格合并后都称为注册会计师,原来的注册审计师资格全部自动转为注册会计师资格。1997年举行了一次全国性的考试,参加者都是具有注册会计师资格的人,考试通过者有资格对金融行业的上市企业进行年度审计。

我们事务所对此特别重视,不仅全员动员,还特意脱产安排去外地一个培训基地学习了一段。

记得考试时是夏天,上午下午各考一场,每场三小时,不少年龄偏大的考生,考着考着晕过去了,被救护车送去了医院。之所以如此,我想不仅与年龄大天气热有关,也与做不出题焦虑有关。

考试结束几周后,我被告知通过了考试,我们事务所就我一个通过了考试。后来我查了一下有关资料，那次考试通过的一共有四百多名，根据成绩排名，记得我在第204位。

很多年之后，有知情人告诉我，说那年凡由注册审计师转为注册会计师参加考试通过的，全国就我一个！我听到后很是愕然，当然也很开心，尽管早已时过境迁。那就是说，我不仅为所在的中国审计事务所争了光，也为全国审计事务所的同仁们挽回了一点颜面。不久之后我从副处提为正处，是否与此相关，我不知道。甚至那个消息是否是真我也不知道。但我之后决定离开审计署，却与这个考试结果有一定关系。有了这个很稀有的资格证书，我增加了底气，不怕在社会上找不到工作。

当时的会计师事务所，规定必须有一定数量的具有相应资格的注册会计师加盟，才能对金融企业实行审计。金融企业全是大型巨头，若有资格审计，每年的审计费收入相当可观，各会计师事务所自然对像我这样有这一稀缺资格的人求之若渴。后来我去了金融街公司工作，它巨大的价值没有被我充分利用，很可惜。之后有会计师事务所的朋友找我，说想借用我的注册会计师证书，我就给了他，每月他所在的事务所会给我一笔钱，一直到我后来收入提高，需要将这笔收入合并报税，我嫌麻烦，又怕犯错误，就主动放弃了。

我后来决定离开审计署，经济原因大概是很重要

十八、决定下海

的一个。在中央机关工作,听起来有面子,但收入非常有限,我从副处提为正处,就加了不到五十块钱,基本工资没有超过三百块,虽然在中国审计事务所时有奖金,但有限。

这世界上,有人看重仕途,有人看重收入。我倾向于后者。在经济改革与市场化浪潮冲击下,我改变了之前的想法,不再安于一个收入有限而体面的工作,我想通过自己的努力挣更多的钱,让自己与我的家人经济上更宽裕一些,而不是在审计署苦熬等待进一步升职。

人人都向往自由,其中财务自由是一个很重要的方面。我离开审计署能否实现财务自由很难说,但我在审计署待着是永远不可能实现财务自由的。

此外,我觉得审计工作单调而枯燥,挑战性不强。重复的工作,很容易产生职业疲倦。

有一次我去联想公司审计,就想,要在这样的公司当个财务总监什么的,会比我目前的工作更有意思,如果有机会,我会考虑。后来就真去了公司当了总会计师,只是比想象中的企业规模要小,但话说回来,大型企业总会计师的职位,恐怕轮不到我去做。

想是这样想,可心里还是犹豫,毕竟审计署是中央机关,稳定,福利好,工作有面子,离开了,未来等待我的是什么,会面临什么样的挑战,自己是否能胜任新的工作,都是个未知数。总之,一旦离开审计署，今后无论工作和生活都会有很大的不确定性，因此，既想离开，又心存疑虑、忐忑不安，相当长时间，一直在犹豫中度过。

与当年我在富阳的情况比，我在审计署的境况要优越得多。我从一个小小的县城来到了京城，从过去的县级机关到了中央单位，我的职级与富阳的父母官相同，我有经济学博士学位，有高级审计师职称，有社会上稀缺的资格证书，工作体面稳定，无需担心会下岗，我分到了房子，老婆孩子都很好，当年在富阳考研究生时想象的一切，我差不多都达到了，按理说我应该知足。如果说再有什么不足，一是挣钱不多，再就是少了一点成就感。

我虽然已近知天命之年，但仍想离开体制去社会上闯荡闯荡，我想试试自己的本事，我想让自己与家人过得更富足一些，在家人有难处需要我帮忙时不再囊中羞涩，我想到一个自己更能发挥作用，更能获得成就感的地方去试试。

我年岁虽然已经不小，但我清楚，以我的条件，下海之后纵有很多不确定因素，前面的路其实风险不大。我只是在心里惋惜中央机关的工作机会。多少人都争着抢着想进中央机关工作，我却要离开！这是现实中的"围城"现象。

在安于现状与继续挣扎向前之间，我又一次选择了后者。

十八、决定下海

离开人人羡慕的中央机关,只身下海闯荡,下这个决心确实不容易。

过去所做的努力,都是在挣扎向上,去往更光明的前景,因此还容易被人理解,可这一次似乎是明显向下的鱼跃,甚至连前面的着落之地都没有找好,就纵身跃了出去,我也不知道自己哪里来的勇气。我的家人我的同事我的朋友也许都不能理解我为什么要离开审计署,当年我父亲甚至都不能理解我为何要离开富阳。但自己要做的事,只要我自己想清楚就行,这是我多年独立生活养成的习惯。

现在回想起来,自己当年就像一个潜心修练多年急于下山到江湖见世面的剑客。我怀揣的一摞证书,代表了我的本事。现代社会,你若不去创业,而只想谋个好的职业,有证书就行。

当我最后下决心离开审计署后,我去找了下人教司王司长,我们同楼住,但不太熟,找他时拿了一包茶叶,当我说明来意时,他很痛快就同意了,当然不是为了那包茶叶。那时政策鼓励人才流动,他很开明。

我离开审计署后第一个工作是在金谷信托投资公司任研究部负责人。金谷是巾帼的谐音,这个公司是全国妇联创办的,当时有一个叫刘学敬的副总经理,兼信托公司下面的证券总部总经理,他也是从审计署出去的,经人介绍,我去找他,他很欢迎,引我见了公司董事长后，就要了我，没有办理正式的入职手续，只是明确了职务及收入，大概是因为我的身份非常清楚。

我去向审计事务所领导告别，席所长看留我不住，就说："那你先去吧，不行可以再回来。"当时没有要求我在审计署办理离职手续，那是席所长给我留着后路，他待我不错。一直到我在金融街公司工作几年后，才由公司人事部门出面去审计署调了档案。这算是很特殊的情况，那时虽鼓励人才流动，但一般都要求将档案存放在北京市档案管理中心统一管理，我算是很特殊的"北漂"。

我离开审计署的时间，是 1998 年年中。

十九、入职金融街

我去金谷信托投资公司那段时间，主要在刘总负责的证券总部工作，那年证券市场不那么景气，公司预算卡得很紧，要去外地参加一个会议或去上市公司搞个调研，审批流程很复杂，因此也懒得去。上班时间成天坐在键盘前，挺没意思的，觉得这不是自己喜欢的工作，就有离开的意思。

这期间，席所长离开中国审计事务所调去审计署人教司任职，新来的杨所长几次托人捎话给我，请我去见他，说有要事相商，最后我去了。他要我回去，答应我除他这个职位，其他职位我可以任选，我理解就是说我若回去可以当他的副职。出于礼貌起见，我没有当面拒绝，只说考虑考虑，但我心里很坚定，既然离开了，就不想再回去。杨所长烟瘾极大，在与我谈话的一个多小时里，烟一颗接一颗，屋里烟雾腾腾。我心想：我若回来，还不被你熏半死呀！

正好那年国庆节期间北京市搞了一个高管公开招聘，有一家金融街建设开发公司要招聘一位总会计师，我看着不错，犹豫半天后，在招聘会的最后一天下午，我去了。

现场人不多，快要收摊了。我到这个公司的摊前，问："你这儿是有年龄限制的吧？""是的，一般要求40岁以下，条件好的不超过45岁。"工作人员回答说。我又问："我今年47了，能行吗？"说完我从手包里掏出一摞证件证书，其中最亮眼的恐怕是我的博士学位证书，其他包括我审计署的工作证，还有审计署关于高级审计师的批文、注册会计师证、注册税务师证等，我还解释，说我的注册会计师证书是有金融业审计资格的，全国只有400多人拥有这样的资格。工作人员一看这情况，没了主意，其中一个建议说："区领导不正好在视察吗？我们去请示一下吧？"有人就拿着我的这些证件证书去了后面，几分钟后就返回，告诉我说："你填表吧！"。

事情有些机缘巧合，假如那天下午没有区领导在招聘现场，我这样超龄很多的人，是否有资格应聘，都难说呢！

记得之后在市委党校举行的应聘面试时，自己被

十九、入职金融街

问到:"看你的简历,其实你没有从事会计工作的经历,你觉得你能胜任总会计师的工作吗?"我当时临时胡编了一些理由,什么审计的基础是会计,审计都能做,会计当然没有问题了等等。算是勉强应付过去了,其实自己一点底都没有。唯一让自己心里有谱的就是,万一去了后证明自己确实不能胜任,凭我那含金融业审计资格的注册会计师资格,在会计师事务所谋一个工作应该很容易。因此,万一到了公司我不满意或人家不满意我,生计还是不成问题的。

我猜想,我这样的年龄,我这样相对简单的经历,以及在面试中多少有些勉强的应对,如果没有那本经济学博士的学位证书,能否应聘成功,很难说。后来我去了公司才知道,整个西城区人民政府机关及企业,我是仅有的一个博士,那时候,博士没有现在这样多。我攻读博士学位,对我人生最大的帮助或许就是在这样关键的场合助我应聘成功。

后来我意识到,自己在面试时实在是少了一些机敏,其实上面的问题很容易回答。毛主席是公认的天才军事家,但据说他不会打枪。诸葛亮从未在战场上拼杀,但依然可以摇着羽毛扇运筹帷幄。我当时若有这份机敏,举一两个这样的例子便可让自己轻松过关。后来的事实也证明,我虽没有干过会计实务,一样可以是优秀的财务总监。

最后一关是见董事长,想必早有人向他详细汇报了我的情况，因此见面后他直截了当地问我收入方面有什么想法，我回答说每月给5000元就行，董事长毫不犹豫就一口答应了。我对自己应该挣多少钱没有谱，担心要高了对自己开展工作不利，又主动补充说："如果比同级别的领导高了，减一点也行。"董事长回答说："就这样吧。"又问我还有什么要求，我说我希望直接对公司最高领导负责，不希望有一个副总分管财务，我要向他汇报工作。他说这没有问题。会面结束前，董事长说："这段时间你就先把我们公司的财务会计制度修改完善一下吧。"

就这样，在我47岁那年，算是比较正式地到了金融街公司工作，一直到退休。

有人知道我去了金融街公司，问我收入后，说太低了，你这样的条件，最起码年薪12万元。对此，我有我自己的理解，暂时，月薪5000元已经让我感觉很好了，这差不多就是我在审计署基本工资的20倍。最主要的是，我虽去了金融街公司，心却没有稳定下来，我随时都可能离开这个公司，既然这样，何必又斤斤计较于眼前的收入多少？

我需要在进去后对这个企业有更深入的了解，进公司之前，一般都不会让一个应聘的人知道所有的事情。我需要自我验证自己的能力，我第一次在一个实体企业担任重要的职位，光有盲目的自信是不够的，是骡子是马，得拉出来遛遛才知道，能力需要实践来检验。

　　我也需要了解这个企业是否能真诚地接纳我,我是半路杀出的程咬金,是空降兵,也许有人早就觊觎我担任的职位,我去了,未免会有人感觉失落,若工作中处处刁难不配合,我可能会选择离开,人际关系与环境友好很重要,若天天不开心,那又何必?我对此很看重,我会去寻找一个对我友好的企业工作。总之,前面的路有很多的未知数,收入暂时是我次要的考虑因素。若我今后工作表现出色,感到与我薪金收入不配,公司又没有主动给我提薪,我也可以考虑离开。

　　我认为自己有炒老板的资本。

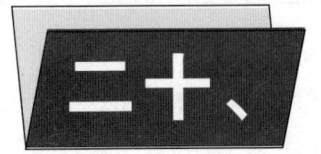 经受考验

董事长要求的修订财务会计制度的事情难不倒我,我的专业背景,我在审计研究所的工作经历以及我为内部控制课题去企业做的调查与研究,给了我在这方面充分的训练。

在动笔之前,我细读了公司现有的财会制度,同时参考了财政部颁布的财务通则及会计准则中涉及房地产业的有关规定,也仔细了解了公司的具体情况,特别关注在制度里没有规定但在实践中执行的一些做法。

我发现,为方便起见,财务部把法人代表名章放在一个财务部大家都知道之处,这样,到周末万一公司有紧急支出,只需掌管财务专用章的人一人到场,

二十、经受考验

就能把开支票的事情搞定，这样做虽然效率高，但不符合内部控制的要求，存在明显的风险。

我修改了相应的条款。但当我向财务部宋经理解释此事时，起初并没有被接受，还认为我对人缺乏信任。

尽管我不是一个善于沟通的人，但宋经理最后还是接受了我的观点。我入职后，她对我的工作非常配合，我感觉很幸运，松了一口气。事后她自己告诉我说，在公司对外招聘总会计师之前，董事长专门找她谈过话，说她在公司工作多年，工作很努力也很有成绩，按理说总会计师这一职位应优先考虑她，但总会计师这个职位，专业训练与能力经验各方面要求都比较高，今后公司要发展甚至可能上市，所以决定从外面招聘合格人才，希望她理解并很好配合新来总会计师的工作。她答应了，也做到了。我们年龄相仿，当年我插队她去了建设兵团，她在兵团里做过出纳会计工作，没有正规的专业教育背景。

我们合作得很愉快，有事她总是主动汇报，沟通能力很强，用现在的话讲，就是情商很高。拿她的情商与我比，就像拿我教育背景与她比。宋经理人也很厚道，有时候公司领导对我有什么误会，她会主动找领导为我解释。换一个人，也许不趁机落井下石就不错了。对于她，我一直心存感激。她遇到困难时，我也很乐意帮她，她后来评高级会计师写论文找我帮她修改，我欣然应允。后来她被调到集团审计部门工作，我很惋惜。

一个多月后，我完成了财务会计制度的修订，厚厚的一册。新的制度，结合公司的行业特点，更加全面、更加具体，更具有可操作性，并加入了有关内部控制的内容。

对于我的能写，财务部大家都已没有异议。至于是不是真的能干，恐怕还有待观察，连我自己都这样想。

修订完毕的财务会计制度交到董事长那里，一周后，宋经理拿回了制度，上面写着："阅，暂照此执行。"之后又在经理办公会上通过了一下，我没有多做解释，大家也没有提什么不同意见。财务部随即按照新制度的要求，对银行支票管理进行了完善，不再图方便将法人代表名章放在一个谁都可以取到的地方，而是交由了专人保管。

这份修订后的制度，也得到负责公司年审的注册会计师的认可，后来公司上市了，也一直沿用。记得我一个研究生同学，她老公新入职时，碰到了同样的任务，向我要去了我们公司的财务会计制度作为参考。

十几年后，才在我的提议下，对公司的财务会计制度重新进行了较大的修正。

我猜想，董事长及其他的公司领导，对交予我的

二十、经受考验

第一项工作,应该是比较满意的,起码没有让他们失望吧。我觉得自己经受住了初步的考验。

有一天,在深圳的潘姓同学出差北京前来造访,看我这么差的办公条件,甚是诧异,说在深圳,总会计师或财务总监是一个非常重要的职务,差不多就是二把手,看到我眼前这情形,说真是难以想象。

那时我与总经济师许群峰两个人合用一个小办公室,这还是后来在我主动要求下才有的。刚去的几个月,我的办公桌就在财务部大屋的一个角落里,时时受财务部几乎是无休止的凭证打印发出的噪音的干扰。

说实在话,那时候国有企业对总会计师这样的职位,确实不够重视,很大程度上只是根据上级的要求被动配备,并不真正理解这个职位的重要性。我手边还有一本会计人员从业资格证书,那是当年财政局的刘副局长主动为我办理的,他说我若没有这样的证书,就没有资格任总会计师。连财政局长也没有认为总会计师是国有企业的一个领导岗位。

我自己,对于办公条件,就像对我的工资待遇一样,没有太看重,至少短期内不会去计较,只要能保证我正常工作就行。我更关注我的工作本身是否让我满意,自己是否可以在公司发挥应有的作用。我相信以后公司发展,办公条件自会改善。

我希望自己到公司后,通过我的努力,让大家对总会计师这样一个职位的重要性有一个新的认识。

二十一、初试身手

到公司后,我深入研究了公司的财务报表,同时请宋经理详细介绍了每一项资产与负债的具体情况。作为公司领导班子成员,我参加公司的经理办公会,逐渐对公司的状况有了一个比较完整的了解。

那时的房地产行业,自20世纪90年代初萧条近五六年,刚露出一线曙光,缘由是房改。房改就是政府开始把百姓向单位租住的房子,根据工龄长短折算,低价出售给租住人。受此政策的刺激,有条件的单位,批量买房分给员工,然后让员工按政策自愿选择买下或租住,由此消化了几乎所有的存量房,同时刺激了大量的新的需求,经常是房子还没盖,就成批被各个有实力的单位预购了。

二十一、初试身手

住宅型建设公司利用这个机会出清了积压的存货，资金回笼，然后继续造房，进入了良性循环，迎来了春天。但我去的金融街公司是建办公楼的，当时办公楼房仍没有市场，因此日子仍很艰难。公司资产负债率高企，超过了96%，银行按规定不能借钱给这样的企业。公司资产中现金不多，但是拆迁需要垫付大量的资金，只有拆出土地，将其转让，公司的经营才能正常运转，缺钱就什么都不用提。当时公司准备的很多拆迁用房，占用了公司大量的资金，但后来政策变了，要求用现金补偿被拆迁户，大量备用的安置用房变成了闲置资产，让公司的经营雪上加霜。我去时，正是公司举步维艰的时刻。

西城区复兴路北二环路东，属于公司开发范围的那片小小区域，我去时，只有三两栋楼建成或在建，其他都是密密麻麻的居民房屋，几乎没有人看好这一带的前景，也没人相信这儿将来真的能建成金融机构聚集的所谓金融中心。

但我对此充满期望。我之所以应聘来到这个公司，就是看中它的前景。与我同时应聘的有去西城住宅开发公司的，但我不会去，因为像那样的公司不可能有大的发展。应聘前我了解到的情况，以及应聘过程中公司领导向我介绍的情况，坚定了我的想法。有人告诉我，公司一直在努力上市，这消息让我兴奋，公司在这样的黄金地段占有宝贵的土地资源，一旦上市成功,必有很大发展。尽管这种想象有很大的盲目性,但有梦才会去打拼去冒险。进公司后,尽管我充分了解到公司的困难,但并没有为此产生退缩的想法。我若离开,必是其他原因。

我在尽快熟悉公司的同时,也在努力判断我应该做些什么。在一个新的工作岗位,我必须掌握大局,至少在我的专业方面与我的岗位职责方面,不能露怯,碰到问题绝对不能说:哦,这个我还真不知道,待我问问或翻翻书什么的。这意味着自己对工作不胜任,也许很快就会被辞退。那怎么办呢?唯一的办法就是自己应该有充分的预判:公司有什么问题?我要做些什么?我应该怎么去做?凡事预则立,有准备才能避免陷入被动。

我去公司之前,开发工作已开始了五六年,总体上进展不大,关键是没钱。我去时,公司资产负债率超过96%,找银行借钱,对着公司的资产负债表,谁都摇头。银行有规定,企业的资产负债率超过75%,原则上不能放贷,哪怕基层银行行长有心帮你,报上去也批不下来。

如何向银行借到钱,是我面临的一个挑战,也是对我新的考验,之前,我从未有与银行打交道的经验。

鉴于该公司的现状,与银行领导喝酒套近乎,估计没什么用,并且那既非我擅长,也非我愿意。喝酒

二十一、初试身手

就是拼健康，我不愿意以这种损害自己健康的方式去做事。

公司的最大问题就是负债率太高。我就开始琢磨公司的资产负债表，研究公司各项资产负债的具体特点。经过研究，我觉得有以下特点：一是负债率虽高，但短期偿付压力并不大，因为负债内容大都是出让土地的预收账款。二是这些预收账款今后需要偿还的可能性极低，因为地已交付建设，但由于某些原因无法结算，譬如，在做"三通"时突然挖到了军缆，交涉起来程序很复杂也耗费时间，这属于不可控的突发事件，因此不用承担违约责任，但意味着我方没有完成合同所规定的义务，所以结算不了收入，只能长期挂预收账款。但这类事件的发生又并不代表双方会解约，或者说解约的可能性几乎不存在，因为大楼实际上已经基本建成了。

所以我想，能否把这些预收账款做一个预结算，在此基础上编制一份调整资产负债表呢？以此说明公司虽然负债率高企，但代表的风险其实没有那么大。我这样做了，结果资产负债率由96%降到了75%左右，拿给银行看，并做了解释，结果果然有几家银行改变了看法，动心了，毕竟他们也有业绩考核的要求，同时考虑到我们公司的政府背景，最后几家银行各借给我们几千万元。钱不是很多，也解决不了大问题，但是一个良好的开端，公司已经好几年没有从银行借到钱了。

其他还有几件小事，我相信也让公司领导对我从半信半疑到刮目相看。

一是公司里有一笔为数不小的银行借款，是以公司持有的美元为质押借到的，几乎没有风险，但仍然以上浮 10% 的利率计息，我认为不合理，经交涉，降到了基准利率，为公司节约了利息支出。

二是公司有很多拆迁安置用房，由于政府拆迁安置政策的变化，用不上了，不处理吧，占用公司急需的资金，卖了变现吧，会折损很多钱。那时候在国有企业，宁可资产烂在那儿，但不能接受账面上出现亏损，怕承担责任。在几次会上，我极力主张把它们变现，理由有：明知这些资产用不上了，但占着资金，而同时又从银行借钱要付很多利息，这不经济；变现后发生的亏损，主要是政府政策变化造成的，跟公司管理关系不大，公司不必担心为此承担责任。经过我几次力争，公司领导终于同意把这些房子变现，由此改善了公司的资产质量。

还有就是，我去公司时，公司账上有 1 亿多元的现金，主要是为拆迁而准备，随时都可能使用，因此只能存在银行，并且是活期。怎样让这笔钱有比较好的收益并能保持流动性呢？我自己投资股票有些年头了，知道那个时期申购新股的收益很高，只要中签，最长 5 天未中签的资金就能回到自己账上，中签的股

二十一、初试身手

票一个星期左右就上市，上市就把它卖掉，如一直做，年化收益率相当高，大概在 20—50%，流动性、盈利性与安全性都没有什么问题。可是那个时候，人的观念非常保守，投资意识也不强，尤其是国有企业，首先关心的是资产安全，钱闲置不要紧，但绝对不能出问题，因此大家都认为钱存银行最保险。将资金打到公司在证券公司营业部开立的资金账户去申购新股，是否安全可行，公司各位领导谁都没有把握，上经理办公室讨论几次后才勉强得到同意。开始大家仍有担忧，后来申购了几次，确实赚了不少钱，资金也很安全，从申购到资金回笼周期不超过一周，不会影响公司经营，这才放下心来。那一年，通过申购新股赚了 2000 多万元，大家都很高兴，公司已经很多年没挣钱了。

能为公司作出一些实实在在的贡献，我最高兴。我至今记得在我之前负责公司财务的赵总对我说："这钱好挣，我看以后我们不做房地产开发了！"当然这是玩笑话。申购新股挣钱，只是个暂时的理财手段，公司的宏伟目标是按市区两级政府的规划在金融街建成金融中心，不是挣钱。

但这种好事也不可能长久，当越来越多的人知道这事而参与其中，收益率就逐级下降，年化收益率从头年的将近 50%，次年就降到 20% 左右，后来股市萧条新股停发，机会也就随之消失了。

二十二、站稳脚跟

大约半年后,一天在走廊里碰到人事部艾主任,告诉我说我工资涨了,但没告诉我涨了多少,说我拿到工资单就知道了。几天后,我拿到工资单,发现我的月工资已经从每月5000元涨到8000元。又一天,艾主任在走廊里又透露给我一个消息,说董事长告诉她,要她今后多找几个像李敦嘉那样的。我听了很开心,这消息比之前涨工资的消息还让我受用。到一个新的单位,没有比自己的工作得到领导认可更让人欣慰的了。她还让我问问审计署是否还有人愿意来,说公司都欢迎。我去了后,给大家一个印象,认为像审计署这样的中央机关,人员素质确实都比较高。我进公司之时,前前后后都是艾主任联系张罗的,我的工

二十二、站稳脚跟

作得到认可，也意味着她的工作得到认可，因此她很高兴。

我进公司一年后，我的月工资涨到了1万元。老板主动给涨工资，这是我最欣赏的方式。

记得一年前楼里审计署同事曾告诉我说我至少应该有12万元的年薪，我拿到了。

此外，我还意外地分到了一套房子，公司与我签的协议规定：我若在公司连续服务满八年，这套房子就归我。

可以说，经过半年多的努力，我算是在公司站稳了脚跟。

有一天，董事长把我叫到办公室，说公司准备让我兼管工程预算部的工作，问我有什么意见。我说既然是公司安排，我没有意见。以前公司工程部与预算部都是赵总分管，董事长大概觉得这两项工作由同一个人分管不太合适，所以有这样的调整安排。

预算部经理进公司早，是赵总的老部下。不像宋经理，他是属于那种典型的欺生不服管、我进公司前特别担心的那路人。预算部归我分管后，很多事情往往是做完之后，他才拿着有关文件来找我补签字，在他眼里，我大概就是那种傀儡的角色。批评他这样做不合适，他嬉笑着嗯嗯着，以后照做不误。我冲他生气，那也没有用，他根本不怕你，依然我行我素。有一次为什么事他还把赵总搬来，然后自己翘着二郎腿坐在我办公室，嘴里叼根香烟，摆出一副无赖的样子。赵总是我进公司的面试官，总要给他留个面子，因此即使预算部经理的表现让人有些忍无可忍，我也暂不与他计较，姑且忍住气，让着他。

公司的土地开发成本归预算部核算，最初的核算已经是五六年以前的事了，我认为应该重新核实一下，如有出入就要进行调整。由此布置预算部经理做此事，并限期完成，可期限一改再改，他并未认真执行，每次都拿出那两三张纸片给我，里面的内容一动未动。后来我才知道，那是当年他在赵总领导下花很大力气搞出来的。

我没有时间与他置气。鉴于这项工作的重要性，我决定自己动手来做。在企业做，自己有动手能力很重要，必要时就不会受制于人。

有这么两三个月，除了参加公司的经理办公会，我集中精力专心做此事。我收集各种相关的资料，如政府批复的规划，区域内所有拆迁户的调查结果，已完成拆迁部分的具体情况及成本支出，还有已完成的区域内配套市政工程（七通一平，即给水排水电力电讯燃气热力道路及地平）的投资支出。在此基础上，分类推算未拆迁部分的成本支出，估算未完成部分的市政工程支出，从而得出总成本。再将总成本除以规划批准的区域内商用建筑面积，得出单方土地成本。最后的结果让我自己也吃了一惊：每平方米只有

二十二、站稳脚跟

2800多元,而公司以前核算的结果每平方米将近5000元。

为慎重起见,我反复计算与核对,证明确实无误后,我请财务部及预算部仔细复核,也没人提出异议。我知道这样的结果会让公司领导大吃一惊,所以在呈报董事长的资料中,尽可能附上具体计算过程与翔实的各种依据资料以及报告说明,另外还编制了一份敏感性分析报告,列示了因各关键因素变化对结果的影响程度。最后我让宋经理把核算的结果交给了董事长。

董事长批复各有关部门进行复核,但并未听到有不同意见。我放下心来。

这样一个工作成果,意味着:公司原来因为价格原因谈不成的一些土地转让项目,现在可以谈,即使在原有报价基础上降价,不仅不会亏损,而且盈利空间还很大。由此,公司长期以来无市场的局面可能会得到根本的改变。而后来的事实证明,对土地成本的核实与调整,更重大的意义还在于,那就是在公司之后收购上市的努力中,及对收购上市成功后公司的持续发展,可以说起了很重要的作用。

现在回想起这些,其实我所做的工作,难度并不大,我相信现在的任何一个大学毕业的人都会做。我为公司做的贡献不过是,我在一个合适的时间,加入了公司,主动做了公司领导还没有考虑到的事情,并得出意外的结果，极大地提振了大家的信心，为公司今后的发展提供了财务上的基础。

之后地价的核算与后续调整，就由财务部管，预算部专注工程招标、材料采购以及工程变更洽商等事项，更名为招标采购部。为方便叙述，下面仍称其为预算部。

预算部经理之后依然我行我素，忍无可忍之下，终于有一天，我找到公司总经理，对他说："公司安排我分管预算部，可他（经理）又不服我管，要不你把他调走，要不就另外安排人管吧。"

之后预算部经理找到我，对我说："李总，是我做得不好，给我一次机会，今后我听你的。"

我没有同意，我已经给过他无数次机会，谁知道他这次说话算不算数呢？不久，他被调离了预算部，去了外地的一个分公司任职。以后每次回北京开年会见到我，表现得都很客气，总邀我到他所在的城市去玩，态度也很诚恳。其实他人不坏。我现在想，自己是否做得太过分了？我也许应该再给他一次机会。

二十三、"烫手的山芋"

我入职这个公司之前，公司与施工单位签订的合同，价值可能成百上千万元，却只有薄薄的几张纸，这样执行过程中就有很大的随意性，不利于管理。由我分管预算部后，在公司领导大力支持下，借助于专业中介，克服各方面的阻力，引入了国际通行的合同体系，完整齐备的合同使得执行过程的随意性减小了很多。

作为分管领导，我的想法是把预算部相应的管理制度建立完善，具体事项让预算部经理去管，我一般不介入，只在必要时才出面。我花在公司财务方面的时间要多一些。

预算部的各项制度逐步建立完善，但执行过程中违反制度规定的事情仍经常发生，问题最多的是在工程与材料采购的招标环节。譬如，公司制度明确规定，工程或材料采购招标，合格投标者必须在五个以上，以利于充分竞争降低成本。但招标过程中入围的投标者经常只有三个甚至两个。在这种情况下，我若表示不同意，没有人会去增加投标者数量以达到制度规定的要求，招标工作便会搁置。对此我很无奈，也让我感到有压力，好像是我影响了工期，最后一般是我妥协了事。

偶尔也有很特殊的事情发生。记得在一次大宗材料的招标中，预算部有人向我反映招标结果比市场价要高出40%左右，我把预算部经理找来了解情况，可他站在我面前什么也不肯说，这让我很惊讶，这样的现象还是第一次，过去，预算部经理至少在表面上还是恭顺的。他当时的态度，一看就知道是有备而来，知道我会找他，也知道他没有办法向我正面解释，想必他清楚事情的原委。

北京本地明摆着有各方面条件都很优秀的供货商，却没有在那次招标中入围，最后中标的是外省的几家名不见经传的企业。你让它们中标也就罢了，只要价格还算公道，可偏偏中标价格比市场公布的要高出一大截。中标的三家企业，都在外省的同一个县，企业名称都类似，明眼人一看便知道这是围标（在招投标过程中，几方有关联的企业合谋在招投标中取得

二十三、"烫手的山芋"

优势地位叫围标）。事情办得如此过分，不得已我只好出面。在我明确反对下，这项招标工作就延宕了下来。

有分管工程的领导为此事找过我，但用词闪烁，大约也不方便直接明说。我很有心给他一个面子，我对公司同级领导的工作一向很配合。但这事情实在太出格，到底还是让我拒绝了，我很遗憾。

我还因此有了一次遭"围攻"的经历。一天，我被通知去开会，到会的人很多，有几十个，坐满了会议室，主要是工程口的人，预算部经理也在，还有来自外部的一些人，包括监理公司与施工单位的。

会议开始，矛头对准我一个人，就是指责我对那大宗材料招标结果的反对意见没有道理，我心中坦荡，据理一一驳斥，他们无法说服我，会议开了将近一个小时，问题没有解决，最后大家不欢而散。

回想这一段，真有一点像三国中舌战群儒的场景，我虽没有诸葛孔明那样的睿智、机敏与善辩，但我觉得自己占着理，不怵。

也许是觉得理亏，没有谁敢把事情闹大，唯一的对策就是拖。

其实我也压力很大，好像工程不能按期完成，成了我的责任。不得已我把事情反映到集团纪检部门，其实我很不愿意这样做。

这样一来，大家都有压力。最后在总经理的协调下，双方各让一步，取消了部分招标结果，剩余部分降了价，事情就算过去了。

一度我与公司个别领导的关系有些紧张，这是我不愿意看到的局面。事后我对总经理解释说，我对事不对人，没有其他意思，就是不希望公司今后不要再发生这样明目张胆损害公司利益的事情。我希望这话传出去能缓和一下关系，但看样子没有什么效果。在利益纠葛面前，我这样的辩解可能显得太苍白无力。

董事长安排由我来分管预算部，本意就是让预算部发挥一定的牵制监督作用，预算部应该在工作过程中保持一定的独立性。预算部经理人很聪明，他应该懂得这一点，可他却没有这样做，那几年他逐渐与工程部打成一片，对工程部分管领导表现得惟命是从，对我反而有些若即若离，及至最后公然与我对抗，表现出有恃无恐的架势，也不知道背后谁在支持他这样做。

如果说预算部前任只是有些犯浑，不太明智，那后任则让我觉得他人品有点问题。他在那件事情上表现出对我领导权威的蔑视，我则从心底里鄙视他做事太没有原则。后来他调整工作，有人提议他担任审计部经理，在公司经理办公会的讨论中，我明确表示反对，理由是他原则性不强，不适合担任这一职位。最后他到另一个部门任职去了。

我理解，这一切都是利益惹的祸。工程与材料采

二十三、"烫手的山芋"

购的招投标活动中,各方都有巨大的利益牵涉,办事人员在内外部压力下,若立场不稳,很容易丧失原则,甚至自身也陷入旋涡中。自分管预算部工作后,我一直时时提醒自己:此处水深,要多加小心。

分管预算部的工作让我处在两难境地:我若认真,那我可能每天都会处在与人冲突的氛围中,最终我会不堪忍受;我若装糊涂,那我便失职,甚至会严重失职,这也一样非我所愿。

时间一长,我也学乖了,既然我无力改变现实,那就保护好自己吧。我采取的办法是,除非太明显的个案,我除了按制度规定在审批文件上表明自己的态度,都把决定权交给了总经理。

退休后有一次我应邀参加公司年会,总经理在发言中提到我在任时的做法,褒贬都有。但其实我是不得已而为之,总经理聪明绝顶,我想他应该明白我当时的苦衷。

当年董事长给了我一个"烫手的山芋"。

二十四、梦想成真

我当年去金融街公司时，有一个姓鞠的副总，是从团市委挂职到金融街公司锻炼的，看这儿不错，就留下不走了。他负责公司的上市事项与资本运作。我来之前，公司已经做了很多努力，争取公司上市。可是由于当时政策不允许房地产公司直接上市，因而努力没有成功，不得已改为争取间接上市。我去这个公司任职后，与总经济师许群峰，配合鞠总开展这方面工作。

经过多方面的调研与接触，比较各个目标公司后，确定了重庆的一家叫重庆纸业的公司，这家公司可以满足我们的几个条件：第一，它近年微利但不亏损，这样我们收购后马上能申请增发，筹集公

二十四、梦想成真

司急需的资金；第二，股权相对集中，这家公司大股东持股超过2/3，有转让的意愿，这样我们收购后就能完全控制这个公司；第三，没有资产与人员的负担，这家公司的大股东表示愿意在转让股权后回购其资产并自行安排公司的原有人员。在某财务顾问的协助下，经过近半年的努力，竟奇迹般地谈成了。那段时间我就跟着董事长及鞠总他们，不断往重庆跑，记得有一个月，我去了四趟重庆，往往是刚回北京，一两天后又出发了，很辛苦，但也觉得很有意思，因为从未经历过，工作具有挑战性，我喜欢有挑战性的工作，累点苦点都没有关系。作为整个收购事项的一部分，我们要将所谓的优质资产注入目标公司，让它从一个勉强保持微利的企业变成一个具有持续盈利能力及良好成长前景的崭新的公司。

向公司提出哪些资产适宜注入目标公司，是我的工作，也是对我很关键的挑战。好在之前我对公司的土地成本重新进行了核算，心里有谱，但具体还需要做一些筹划。如果我们没有优质资产可以注入，我们这次收购就不可能成功；如果没有之前的重新核算，我们就不知道我们有没有优质资产。所以我之前说，重新核算土地成本的意义重大，一点也不为过。没有相应的优质资产注入，不仅收购难成功，即使勉强收购成功，之后也会举步维艰，因为，没有优良的业绩就没有资格通过股票市场筹资,不能筹资,收购上市的一切努力就等于白费。

之后一切都还顺利,首先股权转让获批,接着资产置换也获批,2000年5月,我跟着公司其他领导去重庆参加签约仪式,根据签署的一揽子协议,金融街集团正式成为重庆纸业的控股股东,重庆纸业公司与金融街建设开发公司进行整体资产置换,前者置出的资产由原控股股东回购,人员随资产走;后者将价值相当的土地等资产置入,完成置换后的重庆纸业公司更名为金融街公司,成为一家以房地产开发为主业的上市公司。我被选为新公司董事会的董事并担任财务总监一职。在我们国家,国有企业管财务的叫总会计师;上市公司按照国际惯例,都称为财务总监。

尘埃终于落定,多日的辛苦没有白费,当天晚上,我们去一家酒馆喝酒庆贺,记得有一盘红烧带鱼,带鱼很宽,做得色香味俱佳,大家印象很深,大概也与心情好有关。回到北京后,董事长指示公司食堂派人去重庆学艺,此后红烧带鱼成为食堂的一道保留菜肴,公司有客人时必会点一个。

收购成功后,公司建立了激励制度,并获西城区人民政府批准,区人大开会时还将其以议案的方式通过。根据这项激励制度,以完成各项指标为前提,公

二十四、梦想成真

司可以将每年利润的百分之五，提作激励基金，其中高管占80%，中层及技术骨干占20%。收购完成的当年，我们全面完成各项指标，我得到了10万余元的奖金，这样，进公司两年，我的年收入从最初的6万元增加到了将近24万元，收入方面，我很满意，工作也很有意思，同事之间的关系也很融洽，看来，我进金融街公司是来对了地方。

记得第一年分配奖金后，董事长把我找去，要求我想办法避税，我暂且答应下来，心中却有异议，也没有去想什么办法。几天后我主动去找董事长，跟他解释：设法避税，难免留有瑕疵，我们拿了很多奖金，西城范围很小，大家都盯着，如留下什么把柄，恐怕今后对我们不利。董事长听懂了我的意思，说："那就算了吧，该怎么缴税就怎么缴吧。"董事长很明智，也听劝，而我觉得自己也应对得当。之后的事情果然不出我所料，每次有什么检查，首先就直奔公司高管的个人所得税这个主题，有一年财政部驻京办来查，也是这套路，但从没有被查出有什么问题，我们一直老

知天命之年男人才成熟

老实实严格按规定缴纳税款。我很庆幸，我想董事长也应该有同感。

那年收购成功，公司还为我与许群峰换了新车，作为收购上市成功的额外奖励。

二十五、好事多磨

当时我们进行资产置换时,根据原重庆纸业的资产价值,将价值相当的金融街土地等资产及相应的负债注入了上市公司,这些资产能够产生丰厚的利润,负债则基本上是没有还款压力的与土地转让有关的预收账款。到了年底,我们结出了一部分利润,负债减少,权益增加,资产负债表明显变漂亮了,银行态度明显改变,开始纷纷主动前来洽商提供贷款的事情。

公司也成了各证券公司及其他投资机构关注的对象,常有人前来调研,作为财务主管,我经常参加接待工作,向他们介绍公司的现状与前景,工作内容变得更加丰富而充实。

有一次有人告诉我,说在百度上可以查询到我的信息，我很惊讶，自己试了一下，在百度上输入"李敦嘉"三个字，果然就跳出了有关我的信息。大概因为是上市公司高管的缘故，不经意间自己竟成了小小的公众人物。不过也有人告诉我，那时在上市公司当财务总监的博士只有我一个，是不是因为这个我才上了百度网，我不清楚，我也不关心。不过我发现，现在百度网上仍能轻易找到有关我的资料。

成为上市公司后的下一个目标是要通过股票增发筹集公司急需的资金。上市后，公司的利润逐年增长，至2001年末，符合了申请股票增发公司必须三年连续盈利且平均盈利水平达到一定标准的要求，准备下一年向证监会申请股票增发，但还有一个要求没有达到，即公司的资产负债率稍稍超过了70%，没有达到增发的标准，当时规定申请增发的企业，申请增发时上一年年末的资产负债率必须在70%以下。现在看来这样的要求明显没有什么道理，公司是因为经营发展过程中缺乏资金，才考虑通过增发筹集资金，缺钱的企业，一般资产负债率都比较高，倒是那些不缺钱的企业，容易达到这方面的要求。建立这一标准的根据何在，不清楚，但几年后证监会取消了这方面的要求。

解决公司这一问题的关键是在年末前让几个受让土地的开发商偿还欠我们多年的债务，这工作由我们总经理又亲自出面解决，但经多次协商仍没有结果，

二十五、好事多磨

记得是年末的最后一天,总经理又亲自上门催讨去了,公司的领导包括董事长都聚在公司焦急地等待着,最后终于协商成功,对方答应还我们一部分欠账,我们设法让这笔还来的钱在当晚12点之前到了公司的账上,这样当年公司的资产负债率就勉强达到了要求。

那天若要不回来钱,半夜12点一过,将是新的一年,公司的增发计划也将被迫推迟一年,筹集不到资金,公司的土地开发工作也将被迫推延,招商受影响,公司的持续盈利也受影响。公司成为上市公司后有了盈利的压力。

若增发推迟一年,会发生什么样的变化,无人能预测,也许拆迁安置政策会变,拆迁费用可能大幅度增加,资本市场也可能发生重大变化,增发也许会变得更困难甚至不可能。总之,增发延迟,公司将面临潜在的巨大风险,公司难以接受。

为达到目标,总经理对债务人承诺很大的好处,回头看,这都是值得的。都说现在杨白劳比黄世仁厉害,这话不假。

申请增发过程中的另一个问题与我直接有关,是会计核算问题,当时也费了很大的周折。我初去公司时,参照公司业务的特点及相关的会计准则,确定了收入确认的完工进度法。

这完工进度法普遍用于施工企业,施工企业承包的大型工程,由于整个工程可能需要几年的时间才能完成，为了满足这些企业每年确认收入与结算利润的需要，在满足其他一系列前提条件下，会计准则允许这样的企业每年末可根据工程的完工程度比例，同时根据协议总收入与估算的总成本，确认相应比例的收入并结转相应比例的成本，从而计算出利润。生产大型设备（如船只、机床等）企业，也适合用此方法确认每年的收入与利润。

我们公司那时是以土地开发为主的企业，土地开发是一个把生地（住有居民无配套设施）变成熟地（土地平整并建有相应配套设施）的过程，当我们签约为建设方提供土地开发服务时，相应的土地往往需要几年的时间来开发完成。

就我们公司的业务性质与特点而言，我们与施工企业非常类似，将完工进度法确定为我们公司的收入确认方法，理论上是没有问题的，但确实没有听说在国内有将这一办法用于房地产开发企业的，我们公司的情况在房地产行业中有些特殊。

负责审核的中国证监会专家没法确认我们公司采用这一方法的适当性与合法性，由此行文至财政部，要求其协助分析与判断。我们与财政部会计管理司几次沟通，没有结果，财政部的专家也同样无法确认。

正在为难之际，那天我在办公室，财务部小胡拿着一本《企业会计准则实施细则讲解》进来找我，说在里面找到了依据，我一看，还真是，里面有一小

二十五、好事多磨

段关于土地开发企业在某特定条件下确认收入应使用完工进度法的明确说明。书的正面写着"财政部",书由中国财政经济出版社出版发行,很有权威性。我有点喜出望外。据此,再次与会计管理司沟通,最后公司采用的核算方法终于得到了财政部的明确认可。增发申请也最后被批准了。为此,我指令财务部,特意发给小胡一小笔奖金,作为对他重大发现的奖励。

我自到公司工作,实务做得多,学习少了,我得接受教训。为公司提供审计服务的会计师事务所,也没能在这一关键时刻帮助我们,这让人遗憾。证监会聘请的专家及财政部有关专家看来也缺乏及时的学习。改革开放的年代,变化太大,每一个人都需要不断地学习,才能跟上时代的步伐。

关于这次增发,还有更有意思的,那是董事长后来告诉我们的,说在得知证监会正式讨论决定我们公司增发申请的前夕,他与刘总经理特意去雍和宫烧了一炷香,恳请菩萨保佑我们增发成功。心诚则灵,第二天我们的申请果然被通过了。通过此事,可见我们董事长对这次股票增发的重视程度,他很清楚,没有增发的成功,金融街的开发将无以为继,建设金融中心的目标也不可能达成。精诚所至,金石为开,菩萨看来也被董事长对事业的执着精神所感动。

在与财政部沟通交涉过程中,最焦急的应该是我,是我分管公司的财务工作,是我主持修订了会计制度并确定了有关收入确认方法,若最后不能获得财政部认可,不仅增发受阻,连公司之前几年所确认利润的合法性都成了问题,那我今后在公司的日子可不好过,最后是否会在公司待下去,真不好说。

好在最后熬过了这一关,终于一块石头落地,这才放下心来。那个时候,我的想法已不像刚入职的当初,两年多来,我已融入了这个公司,不愿意离开这个公司了,我觉得我在这个公司工作得很好。

收购上市约两年后,即在2002年年中,公司通过增发成功筹集了6亿元,全部用于金融街区域的拆迁,此后基本每隔两年增发一次,筹得的资金也基本用于拆迁。后来随着房价的快速增长,拆迁成本大幅提高,回头看,所幸当年收购上市成功及之后的几次增发成功,为公司创造了一大批低成本土地资源,从而为公司后来在相当长时间内保持盈利持续、高速成长奠定了坚实的基础。

二十六、春播秋获

之后公司几乎是每隔两年就增发一次,经过第一次增发的磨难,之后的增发就容易多了。通过四次的增发,共筹集到近百亿元的资金,不仅支持了我们公司在金融街区域的及时拆迁,也支持了公司之后的持续发展。有了钱以后,公司就不仅仅开发土地,也开展了房产开发的业务,等于把土地这样的初级产品进一步加工,这样可以获取更多的利润。

经过多次增发后,公司实力大增,成了银行眼里的香饽饽。早在公司收购上市成功后,银行就改变了态度,开始主动与我们接触,待第一次增发成功后,资产负债情况改善很多,公司盈利也持续增长,在银行眼里,我们公司就是所谓的绩优公司,各家银行都争相向我们提供贷款。有话称银行是"下雨收伞，天晴送伞"，这话一点不假，但也容易理解，任谁去银行工作，都会这么做，毕竟银行是盈利企业，不是慈善机构。

我作为公司的财务总监，日子一年比一年好过。别人当财务总监或总会计师，为争取银行贷款，三天两头要往银行跑，宴请银行领导套近乎，我却只需安坐公司办公室，接待银行领导的拜访即可，可以与他们谈贷款条件，讨价还价，可以挑挑捡捡，选择借这家银行而不借那家。除了拼酒不行，在与银行打交道这方面，我似乎天然有些本事，既能达到借款的目的又能在资金成本上为公司争取到最大的利益，当然最关键的是有公司这个强大后台。

记得在公司收购上市刚成功那段，虽然公司前景转好，但整体情况还没有达到让银行完全满意的程度。凡银行来洽商贷款事项，我都热情接待，以礼相待，我方需要资金，银行有意贷款，于是多家银行与我们达成意向，但又都不愿意提供优惠利率条件，仍需按惯例要在基准利率基础上上浮10%。我嫌贵，就暂且按兵不动，待银行等不及来电话询问时，我就借口有多家银行提供贷款，条件都一样，我不好平衡。我不明说，但言下之意就是：除非你降低利率要求，我就借你的。一些天后，有银行挺不住了，主动打电话来表示可以考虑只上浮5%，其他银行一听到

二十六、春播秋获

这个消息，也都表示可以同等条件提供贷款，我仍没有松口。最后有银行提出可以不上浮，条件是抓紧放款，我这才答应下来。有了一个先例，公司所有的借款都是基准利率。

在我的骨子里，似乎天生有某种南方人的狡黠，没有人教我，自己就会。当集团及其他兄弟公司得知我们借款居然利率不上浮，很是惊讶。那时候，全社会资金紧张，上浮才是正常现象。我当然不会轻易向他们透露自己的"秘诀"，让银行知道，会影响自己的声誉。而当公司财务状况进一步好转时，我也用同样的方法为公司争取最好的借款条件，那就是利率下浮，我们做到了。

在相当长的一段时间里，公司所有的借款都是下浮10%。我理解银行的考虑，银行贷款业务以安全为第一考虑因素，只要安全有保证，利率低一点少挣一点点其实没多大关系，在我们国家，银行的存贷款利差一直很可观，赚钱容易，关键是要把贷款本利（尤其是本金）安全收回。

我在与银行打交道时虽然表现得比较精明，但行长们还是很愿意跟我打交道，首先当然是借钱给我们感觉安全，同时与我打交道比较轻松，不用在饭桌上推杯换盏拼酒。都知道银行行长一个个都很会喝酒，其实也是身在其位迫不得已，他们自己很清楚，喝酒伤身。我不喝酒，他们当然乐意。

有时我会答应去茶馆喝个茶,偶尔也会与他们吃个便饭。总之,与我打交道简单,有事说事,效率也高。另外,不管公司想不想借款,不管那家银行上门拜访,我都会表现得彬彬有礼,从不慢待,来时出门相迎,去时出门相送,努力与他们保持一种既近密又尊重的关系。他们有时会夸我有一种儒雅的气质,当然我都当是恭维话,但不管怎样,我的礼貌与诚恳有目共睹,我表现的,也是我心里想的。时间长了,我与好多银行的支行行长都成了关系不错的朋友,即使我退休后,有什么事托办,他们大都很热情,能帮就会帮,当然,我绝少去麻烦他们。在我心目中,我也的确把他们当朋友,对朋友,不能欺骗,如果我明知向他们借款后公司可能无法到时偿还,我不会捏造信息骗他们借钱给我,因为这会害了他们。在那种情况下,我宁可考虑离开公司,这是真心话。我能这么想,也可能因为自己觉得不难在其他公司找到同样的工作,至少我很容易在会计师事务所找到工作。

我们公司在银行的信誉一直很好,在我任上,从未发生过借款逾期不能还的事情,快到期的借款,我们都会提前安排妥帖。

记得公司最后一次增发,一下子筹集到80多亿元的资金,按规定,这些资金必须专款存储,专项使用,公司可以确定最多五家银行作为专款存储的银行,报备证监会后,不能变动。这笔资金数额巨大,

二十六、春播秋获

逐步使用过程中往往会存储较长时间，是银行争夺的对象。我像以前一样，利用这种优势，采用类似招标的方式，让财务部通知多家银行，哪一家愿意降低利率向我公司提供一定数量的贷款，谁就会成为五家存款银行之一。通过这种相对公平的方式，我们达到了目的，这是双赢的局面，公司节省了利息，银行也赚到了差价。这样的生意，银行不需要占用自己的资金，而他们收取的贷款利息，远高于给我们的存款利息。

有聪明的行长，譬如兴业银行的戴行长，想做这笔业务，但没有得到分行领导的批准，她越级亲自跑到福州总行那边去争取，最后做成了，存在她那儿的资金，后来长达五六年，每年能为她支行贡献一定的利润。戴行长在我眼里是一位优秀的银行行长。但有些银行就没有想明白，未能答应我们提出的条件，我想事后他们肯定会后悔。

我做的这些，我使用的一些技巧，财务部的人都知道，但我从未向董事长、总经理汇报过，夸耀过。我的想法，这些都是我应该做的，没有什么值得夸耀的。一般我只在工作碰到困难需要得到他们帮助时才去找他们，这是我的风格。但多汇报多沟通还是比较好，这是我退休后的领悟。

我退休离开后，应公司要求介绍了一个有实务经验的杨姓同学（也有博士学位）出任公司的独立董事，他后来打电话告诉我，说他去面见董事长（原总经理）时，后者夸我是他见过的最好的财务总监，又说凡我介绍的，他都相信。我愿意相信董事长说的话是真心话。我不敢自夸是最好的，但我确实尽心尽力了。

我始终牢记导师阎金锷教授"君子爱财，取之有道"的教诲，不义之财不取。

有一次，预算部经理传话说施工方老总要请我吃饭，常说客户是上帝，上帝邀请不能不去，我去了。那就是一次礼节性的见面，不涉及具体业务，我也不喝酒，席间的气氛很一般，告别时每人有一份礼品，初次见面，不收显得不礼貌。但我心里觉得，以我分管的工作而言，吃饭与收礼都不合适，俗话说：吃人之饭嘴短，收人之物手短，以后双方若遇涉及利益之事，我何以自处？之后我就明确告诉预算部经理，今后这样的饭局我不参加。之后确实没有人再邀请我。

与银行打交道时，小礼品，碍于情面，我会收下，贵重的，我会拒绝。有一次，有行长送我一副银质象棋，我觉得太贵重，委托财务部经理退回去了。又有一次，有一位与我关系很近密的行长请我吃饭，席间送我一件礼物很贵重，我笑着对他说："我不缺钱，我现在拥有的财富，已够我几辈子吃喝，你若不想害我，就把礼品收起来吧。"他听完后就不再坚持。

还有一次，董事长介绍一位行长给我，要求支持

二十六、春播秋获

这个银行一下,存一部分资金到这个银行。董事长的面子是一定要给的,但手头没有什么资金可以调配,要等些时日。之后那女行长送来一套中国人民银行发行的精美的金质纪念币,按当时的金价,仅其含金量,就值1万多元,当时我不好推辞,暂且收下了。她大概以为她是没有意思到,我才没有按董事长要求办。当后来公司有了钱,我就交代财务部经理给她安排了存款,数额不小,同时还让财务部经理把那套金币送还给了她,她很惊讶,后来我们成了关系不错的朋友,直至我退休后,我们仍然保持着来往。

其实我真的很喜欢那套精美的金币,但我知道我不能收。之后我向董事长申请提前退休,部分也为这方面的原因,有话称"常在河边走很难不湿鞋",那时候的社会风气,我担心自己哪天经不住诱惑,会犯错误,为自身安全,不如早点退休。

公司发展顺风顺水,我的工作很轻松。有一天下午,我女儿提前放学来到我办公室,对于我的工作她很惊讶,也很羡慕。她在我办公室的一个多小时里,看到我做的工作就是坐在电脑桌前看看文件,偶尔有人进来让我签个字,工作十分轻松,而挣的却又特别多。

受此影响,待她自己参加工作时,常抱怨工作太辛苦,嫌这嫌那,大概希望也能像我一样,找到一个既不累又挣钱多的工作。我不得不提醒她要现实一些，不要做梦，生活中哪有这等美事？我告诉她我之前所以能那样，那是我之前在公司努力工作的"递延收益"，或者可以说是我一辈子努力积累的"递延收益"。我在公司极其困难及前景不明的情况下，冒着风险，加盟这家公司，辛苦多年，为公司作出了贡献，才会有这样的结果。她曾经看到的悠闲轻松的工作及优厚的待遇，不过是我在春天辛勤播种后享受着的秋天的收获。

二十七、功成身退

我这个人，不太喜欢一成不变、没有什么挑战性的工作。当年离开审计署，原因之一就是觉得审计工作单调。而后进公司时所做的那些工作，我很喜欢。去公司的头几年，天天很晚才能回家，周末十有八九要加班开会，做得很辛苦，但我心甘情愿。从困难混沌的局面中，通过自己与同事们的努力，发现线索，理出头绪，克服困难，使事情走向正轨，会有一种成就感。或参与一些如公司购并那样自己从未经历过的事情，有新鲜感，无论成败，所经历的都会成自己人生阅历的一部分，感觉能让自己长本事，能促使自己成长，我很愿意去做。金融街公司后来发展稳定，我工作轻松，反倒让我没有了干劲，有厌倦的感觉。

有一次从报上看到北京市城建集团在招聘总会计师，我有些动心，这是一个层级更高规模更大的企业，我很想去试试自己的能量。以我的条件，要理论有理论要实践有实践，若去应聘，被录用的可能性应该非常大。但犹豫几日后，终于放弃了这个念头。我在金融街公司待得挺好，我若离开，不知道怎么跟领导同事交代。再有，自己毕竟五十多岁了，不太愿意再折腾。这件事我从未对任何人提起，是我个人的秘密，但现在说说已无妨。

2006—2007年的一年多时间里，我从股票市场赚到了相当可观的钱，这是我之前从未想到的。工作主要为谋生，现在谋生的需要已经不存在，而工作本身又让我失去了兴趣，就想着提前退休了。

大约在我离退休年龄一年多的时候，我向董事长写了一封信，说自己身体不好，准备提前退休，请董事长批准，同时请他抓紧时间找好接替我工作的人。

后来有人传话到我耳朵，说董事长感叹：人有钱了，就不好管理了。对我来说，这话只说对了一半。对的是，我是有钱了，我拥有的财富，足够我及我一家这辈子花了，我不再有动力为了钱上班下班地辛苦。他没有说全的另一半是，我对自己的工作产生了职业疲倦，眼下驾轻就熟的工作，不再具有挑战性，我失去了继续工作的兴趣。

如果说还有原因的话，那就是对自己常在河边走

二十七、功成身退

隐隐的担忧，但恐自己晚节不保，不如提前退休。

之后很长一段时间，我物色了好多认为可以接替我的人，我认为这些人都不比我差，但不少被公司的人力资源总监直接否决了，说见面后比我差太多了。有几个过了人力资源总监一关的，但总经理不满意。有过了总经理关的，董事长却不满意。其实真有我看去条件挺好的，甚至我认为条件比我还要好的，有的本人就是其他上市公司的财务总监，有的是大型国企的总会计师，有的是有博士学位的大型国企投资部总经理，但都没有过关。有一个国资委下属企业的专职监事，公司似乎看中了，但他自己最后却退缩了。我一个在深圳市财政局工作的同学（也有博士学位），难得被看中了，却在最后的关键时刻，在公司派人去深圳考察时，出了一点差错，最后没来成。总之，忙了半天，都没有成，我很失望，只能继续干着。

后来才慢慢意识到，整个事情，只有我一个人上心，总经理与董事长似乎并不着急。也许是因为他们了解我，知道在没有找到合适的人接替之前，不用担心我会撂挑子不干，知道我不是那种品性的人。最后，一来二去的，竟就离我退休的时间不远了，我也就打消了提前退休的念头。

在离退休时间半年之前，因为董事会换届，公司领导征求我意见，问我是否再干半年再退休，我嫌麻烦（半年后请辞又要走复杂的程序），就卸职了，之后公司给我挂了一个财务顾问的虚衔,在公司继续上了半年班,但我申请不参加经理办公会,总经理勉强同意了。那半年时光,我过得更清闲,也更没有意思。按照公司不成文的惯例,公司高管退休后,若愿意,可以返聘再上五年班,总经理再次征求我们意见,我很干脆地拒绝了。我那时真的无比渴望退休后那种自由自在的生活,不愿意再受任何的管束,不愿意再多上哪怕一天的班。

我去向董事长告别,董事长问我退休后准备干些啥,我说我最想做的就是自由自在的驾车出游,董事长后来特批在我退休后给我发了三年的油补,我很感激。董事长是一个很懂情义的人,虽然比我年少几年,但我很敬重他。

在我正式退休即将离开公司的那天,公司为我举办了告别宴会,公司所有的高管都出席了,董事长对我的总结评语只有短短的四个字:专业敬业。我很满意,字不多,但确实是对我十几年为公司服务的高度精练的总结。我在宴席上表示说,在公司的十几年,是我这辈子最充实最有意义最有成就感的十几年,我感谢公司给了我一个好的平台,让我有了施展自己的空间,为公司作出了一些贡献,我感谢董事长对我这些年工作的肯定,感谢公司其他领导与同事对我工作的支持与帮助,并请他们原谅我工作中的不足。

我不是一个善于表达的人,我的发言话不多,但

二十七、功成身退

那天晚上我确实很动情，我有些舍不得这些共事多年的领导与同事。

我说的是真心话。

我进公司那年47岁，快近知天命之年，在此之前，我感觉好像没有做过什么正经事，学习就是为了有更好的工作与工作环境，工作就是为谋生，没做过什么值得自己引以为荣的事情。28岁那年，以初中毕业的学历，以全地区文科成绩第二名的成绩考上大学，算是成功？可那只是让我从工人变成了学生而已，不是工作有什么成就。后来考上研究生，则是从干部又变成了学生，性质一样。大学毕业后在富阳财政局与审计局工作的几年，感觉单位有我没有我都一样。研究生毕业后在审计署审计研究所工作及至后来到中国审计事务所工作，也没觉得我在我离开有什么两样。现在回头看，那年考金融业审计资格时，作为审计系统唯一通过考试的人，似乎是做了一件有点了不起的事情，但那也不过是考试，不是工作出成绩。只有到了金融街公司后，我才觉得我到了一个平台，让我多年的学习与积累有了施展的空间。第一次发现，自己在财务上是有一些禀赋与才能的，能很好地胜任公司财务总监一职。之前我其实没有这种自信，有自信也是装的。第一次感觉到在这个组织中我的存在，是不可或缺的，我的努力能够为公司创造价值，我所做的事情会对公司的发展产生影响。第一次感觉到，公司非常需要我，我也很需要公司，我能体会并享受到这种相互需要的愉悦与快乐。在公司的十几年，我有某种成就感，这是我从来没有过的感觉。

另外，在来公司之前，我的为人、我的处事，还是相当的青涩，与我的年龄不是很相符，这与我的生活经历有关。在公司的这十几年中，我能感觉到自己成熟不少，在意思表达方面，在待人接物方面，在与人沟通方面，在与人共事方面，在情势应变方面，在组织与领导能力方面，都有了长足的进步，逐步成长为一个合格甚至可以说是优秀的上市公司高管。我一些性格上的特点以及优越的自身条件，让我敢于直言，有时候这是好事，被人赞赏，但有时候也会惹领导不快，但公司领导对我表现出宽容的态度，这很难得，我很感激。我不喜欢事事请示汇报的特点，导致自己做一些事情不太符合程序，也同样得到了公司领导的原谅与容忍，允许我逐步纠正改善，因为他们知道我的出发点没有问题，不掺杂个人私利，不是想故意隐瞒什么。我在告别宴会上对公司领导及各位同仁的感谢是非常真诚的，是发自肺腑的。

工作生涯的最后十几年，对我来说是美好的时光，我会记住，会珍惜。这段时光，让我感觉到自己的一生没有白白度过，我对自己的人生没有了遗憾。最后我可谓功成身退。

别了，亲爱的金融街公司！别了，亲爱的金融街

二十七、功成身退

公司的同事们！

金融街公司的同事们

二十八、也曾战战兢兢

我们家后来变得富足,与我去公司后丰厚的收入有关,更与我在股票市场投资成功有关。

还记得儿时跟我爷爷去野外溪坑边钓黄鳝,当将长长的串着蚯蚓的铁钩试着往一个边上长满杂草的洞口插的时候,心中既满怀希望,同时又忐忑不安充满恐惧,生怕那草丛中幽深的洞里藏的不是黄鳝而是蛇,会突然蹿出来咬我一口。

当年我在证券营业部第一次战战兢兢把股票申买单递进窗口时就是这种心态。

说来好笑,那时我发现自己的手在微微发颤,好在排在后面的人站在安全线外,离我有一段距离,看不见我的狼狈样。其实我的第一单不过是买进 200 股

二十八、也曾战战兢兢

马钢股份,每股一元多,总价不过两百多元。人初次面对自己从未经历过而风险未知的事情,心中难免忐忑不安,大概也属正常。同样的事情经历的多了,恐惧才会被慢慢克服,这才是常态。所以,现在想想其实我也不必为自己初次申买股票时的狼狈样难为情。

那时候的两百多元,虽然数额不大,现在来看更是微不足道,却是我辛苦挣来或是节俭省下的钱,那时候挣钱不易,若真损失了,不免心疼,因此而惶恐。经历几回后才慢慢明白,虽然有人说中国的股市就像一个"赌场",但在股市买股票与在赌场下赌注,毕竟有所不同,赌注下错了,就会血本无归,但股票买错了,到底还有一个根,只要不是借钱炒股,被套后沉住气,日后还有咸鱼翻身的机会。所以早期投资股票其实没有那么可怕。曾经的股市,很长一段时间,所有股票会随行情齐涨齐跌,因此不论你买入的股票质地如何,套住了往后都有解套的机会。当然,现在投资股票可要小心了,市场逐渐成熟与规范,即使行情来了,也不会再齐涨齐跌,若再买错股,譬如买进 ST 股票,很可能会退市,那样投资的钱很可能永远就打了水漂。

我应该是在 1991 年开立的股票账户,当初开户时候的想法并非想要通过投资股票赚钱,只是觉得自己是学经济学财务的,股票投资是经济的重要组成部分,我应该对此有所了解,了解的最好方式就是介入其中，取得实操经验，不然，说是学经济的，但对重要的股票市场完全外行，有点说不过去。那时候我也没有本钱，想通过股票市场赚钱是不可能的，小打小闹先试试，不亏就是成绩，小赚一点就很开心，重要的是积累经验。记得之初我战战兢兢买进的两百股马钢股份，不到一个星期，每股涨了一毛多，卖了，赚了二十多元，很开心，"慷慨"地请一个也做股票的同事在快餐店撮了一顿，那时候，物价很便宜，快乐也很容易得到。

从1991年开户以来，经历了股市的几次上下跌荡，尝过甜头，觉得赚钱很容易，也吃过苦头，一度不仅赚到的钱得而复失，而且把我辛苦赚得的老本也赔进去不少。

1993年我挖到一小桶金后，算是有了一点本钱，同时有了几年股市投资的经历，于是开始起意在股市赚钱。正赶上那年来了一波行情，我把自己积攒的所有的钱都投入到了股市。

行情来时，凡买股票的都赚钱，一度我账上资金达到了8万多元，忘形之下，不知道见好就收，满仓持有股票，想赚更多的钱，结果潮水退去，自己被深度套牢，最后8万多元变成了2万元都不到，让我确确实实体验到股市的厉害，给自己上了一堂深刻的风险教育课。也让我知道，自己虽然懂一些财务知识，但财务与股市是两码事，我对股市懂之甚少，需要虚

二十八、也曾战战兢兢

心学习，需要对股票市场有一份敬畏之心，千万不能自以为是，错把股市当作自己的提款机。股市经常也是卷款机。

我被深套之后，被迫长期"潜伏"，跟当时大多数人一样，当死猪趴着，这样做，并非是对股市充满信心，实在是万般无奈之举，除此之外，还能有什么其他办法？割肉离场，永别股市？不甘心，没想过。套住了，那就暂且放下，该干什么干什么吧。好在自己有工作要做。有些人在股市尝到甜头后，竟然辞去工作，做起了职业炒股人。这些人，很少有在股市存活到今天的，没有了工作，成天盯着股市行情，心态会很浮躁，带有这种心态的人，每天忙着买进卖出，很少会在股票投资中成功，尤其是在中国这样不成熟的股市。有自己的工作做，顺带着做做股票投资，是我喜欢的方式。

1995年，又一波行情到来时，我终于解套。通过上次的教训，我学乖了一点，对股市有了一些初步的领悟，开始选择一些像四川长虹、深发展这样的绩优股买入，买入后持有一段，不为一点蝇头小利而频繁进出。频繁进出是券商最喜欢的方式，每一次进出，他们都有佣金进账。高兴的还有政府，你越频繁进出，政府的印花税就收的越多。频繁进出者，最后会发现自己其实没赚到什么钱，行情过后，常以被套作为结局。

我买入股票后,耐心等待,股价如果涨得太猛,就先卖了,等回落就再买回,做做波段;如果股价涨得太高了,便卖出止盈,不再贪恋最后的"鱼尾"。学会安全第一,错过机会也不可惜。这波行情过后,我最后赚到了钱,钱包比以前更鼓了一些。之后,照着这一方式,每年我都小有收获,几年下来,居然也积累了一笔小小的财富。去公司之前,我的资金账户上有了几十万元。下海之前我曾想:如有不测,这些钱也可对付一阵,不至于让家人挨饿。

更重要的是,经过在股市多年的摸爬滚打,我确实对股市有了更深刻的领悟,经验也更加丰富,因此,当2006年又一波更大的行情来临时,我从股市赚到了更多的钱,就我的标准而言,可以说实现了"财务自由"。

二十九、最愉快的旅程

我们国家有了今天的成就,很多人以为这是完全靠中国人自己的辛勤努力的结果,是一个自然的过程,其实不然。中国最近 20 年的快速发展,实事求是地讲,很大程度上是中国在 2000 年加入世界贸易组织(以下简称世贸组织)后,世界的大门向我们打开,我们融入到全球经济的结果。

有人认为中国是这一波经济全球化浪潮的最大受益者,我非常赞同这样的说法。

加入世贸组织后,一方面,消除了关税壁垒,中国的商品得以大量出口,从而发挥了我国劳动力便宜的优势,中国经济发展充分享受到持续时间很长的所谓人口红利。另一方面,中国政府兑现入世时的承诺,对国内各项制度法规进行了大刀阔斧的改革，以符合世贸组织的要求。同时降低了外资的进入门槛，由此国外的先进技术、先进管理及资金得以更方便地进入中国，这几个方面因素叠加，大大地促进了我国经济的快速发展。

在此期间，一系列大型国有企业进行了股份制改造，甩掉包袱，陆续在境内外上市，上市后的效益大幅度改善，尤其是中国的银行业，由于长期以来积累的大量不良资产，理论上都到了破产的边缘，改制上市后面貌焕然一新，利润持续大幅增长，成为绩优蓝筹股。

在这场浪潮中，不同所有制的几乎所有中国企业，都得益于中国加入世贸组织的良好契机，从而创造了支持2006年那波股市大行情的企业基本面。

与此同时，我国的股市由于本身存在的痼疾，却视公司业绩的良好发展于不顾，"跌跌不休"，上证指数在2005年年末竟跌破千点大关，回头看，那就是真正的历史低点。

中国经济的发展越来越离不开股票市场，为推动我国股票市场的发展，2005年年末，推出了以支付"对价"方式换取大量非流通股上市流通的政策，以解除广大投资者对非流通股今后可能上市流通对股市带来巨大冲击的担忧。这是一个巨大的利好，本来上市公司的市盈率就已经很低，如果你那时候买了股票，还可以通过"对价"无偿得到一部分股票，那会让你所持股票的实际成本更低。

尽管如此，市场仍然在犹豫，股票指数在低位上下震荡，在犹豫中稍有回升，总的来说，大家并没有充分认识"对价"政策的重大意义，但牛市的一切条件其实都已具备，只欠东风了，这东风就是投资大众对"对价"政策的巨大意义以及对当时良好基本面共识的形成。一波大行情呼之欲出，用"山雨欲来风满楼"来形容恰如其分。

我自己，在那种情况下，当时有一种奇怪的感觉，对市场的表现很不理解，按理说，股市应该大涨，但就是没有怎么涨。我有一种预感，不是对未来牛市的预感，我还没有那样的领悟力，我只是预感到应该是下手买股票的时候了，意识到这时候买股票，不说能赚多少钱，但应该相当安全，投资股票，首先考虑的是风险。

记得那时候，为改善住房条件，我以按揭方式买下了北京西北四环的一套三居室，搬进去住以后，我把原来的住房卖掉了，所得之钱提前还了贷款。后来觉得股市机会很大，又重新去办了贷款，准备投进股市。

但买什么股票，我有些迷茫，正好有嘉实基金的一位基金经理来我公司调研，咨询他时，他主动提出说他可以帮我选股操作，我挺信任他的，便把自己的账户交给了他操作，记得他帮我买了上海机电什么的，那公司的对价条件不错，但公司的基本面很一般，我对那个公司不了解。一段时间后，我发现亏了一部分钱，就把账户要了回来，决定还是自己操作。

几经犹豫，最后选了万科及招商银行，重仓持有。这两家公司的共同特点就是业绩多年来稳定快速增长，市场口碑很好，我买进时它们的市盈率在5倍左右，相当低，唯一的不足是它们的对价方案不是最好。绩优公司支付的对价方案普遍都要差一些，但我想公司本身的质地还是最重要的。

之后这两只股票的走势，震荡向上，一段时间后，已有比较可观的收益，我继续持有。在此期间，正好有一笔对实体企业的投资收回，连本带利也被我投进股市，增持了万科与招商银行。

那年秋天，有一银行朋友约我去云南丽江那边玩，留给我的印象特别深，丽江那一带风景秀丽是原因之一，更重要的是，那段时间股市经过半年多的酝酿，开始爆发了，露出了牛市相。

我们一边玩，一边关注着股市行情。有这么一天，万科开盘就被大笔买盘封住，涨停了！那是我最大的重仓股，万科的一个涨停，我的资金账户就多了几十万元，再加上其他股票上涨的收益，那是我投资股票收益最多的一天。一边与朋友游山玩水，一边自己的钱袋每天都在膨胀，天底下大概没有比这更爽的事了，这让我心情无比舒畅。记忆中，除了在铁路工作时接到大学录取通知书，在丽江旅游的那些天应该是我一辈子心情最好的时光了。与我同去的银行朋友持有的股票也在涨，大家皆大欢喜。

后来发现那位嘉实基金的朋友曾帮我买的那只股票，后来的走势也不错，但比不上万科与招商银行。那时候，凡投资股票的都赚钱，连工商银行、宝钢股份这样的特大盘股，股价也能涨两三倍，但当时它们的业绩增长确实也很惊人。

股市有句话叫"风来时站在风口，猪都能飞上天"，牛市行情就是如此神奇，难怪投资者们群情激奋。

三十、见好就收

股市一路高歌猛进，不管绩差绩优，各种股票轮番上涨，一只股票，涨着涨着，很容易就拉了涨停，然后调整几天，继续往上涨，似乎没有尽头。这种走势既让人亢奋难耐，也让人心惊肉跳。差不多一年时间，上证指数从不到一千点，一口气涨到近四千点，我害怕了，决定退出。事后看退得早了些，但我没怎么后悔。经历过1994年前后的深度套牢，我心有余悸。我收获颇丰，心满意足。我只在书本上读到过有关台湾省的牛市，但没有亲身经历过，总觉得股市不应该是这样一个涨法，涨得实在太离谱了。

即使从今天看，2006—2007年一年多时间的那波牛市，是中国加入世贸组织后激发的最有基本面支

三十、见好就收

持的牛市,是中国股市持续时间最长的最像样的一波牛市,当时的非流通股制度改革就像是催化剂,促发了那一波澜壮阔的牛市行情。

我从股市全线退出后,股市继续高歌猛进,约半年后,上证指数最高达到6124点,真正地让人目瞪口呆。这期间,我开始安心做我的新股申购,那年正好我姐姐来北京,我到营业部把一年多的交割单都打了出来,请我姐姐整理了一下,结果我自己都很吃惊,仅新股申购这一块,我就赚了360多万元!那时候,几乎天天有新股发行,对申购者没有其他要求,只要资金账户上有钱就行,申购时,无需研读发行公告,因为什么样的新股都能包赚不赔。那段时间自己申购过什么样的股票,我根本搞不清,有新股就申购,上市第一天就卖出,只有一只股票我印象深刻,那好像是中国人寿,从申购到卖出也就一个星期,就让我赚到了80多万元,现在听起来简直就像天方夜谭一般。

牛市期间,申购新股虽很赚钱,但却没怎么被人看上,有钱都买股票去了,或者去买股票基金,因为那赚得更多更快。股市疯狂,人也疯狂,牛市中,人的胃口被吊得很高。那时候人去买基金,如果基金公司介绍他们推出的产品年期望收益率只有50%,人们就会嗤之以鼻而转身离去,另去寻预期收益更高的基金产品。在牛市,大家眼里只有高收益,风险好像不存在了，投资理念的荒唐，不由得让人想起英国作家狄更斯的那句名言："那是最好的年代，也是最坏的年代；那是智慧的年代，也是愚蠢的年代……"

那期间，还发生了一件事，与我的股票投资间接有关。我每年得到的奖金，按规定必须存放在公司冻结三年，第四年解冻一半，第五年解冻另一半。在2007年初股市行情好的时候，经公司领导研究决定，尚在冻结状态的奖金，在各人自愿基础上，可以用来购买基金，但基金卖出后，仍被冻结，不能提现。那时，我的股票已全部卖出，资金被用于申购新股，无论股市怎么涨，我决定都不再重新进入买股票（事实上后来股市跌回到1600多点时我也没有再进入）。但这部分奖金，如按我当时拥有的资金，所占比例不是很大，因此我决定随大家做一做。只是再后来股市继续疯涨，风险意识再次提醒我：是时候把基金卖掉了。于是在上证指数5800点时，我把属于自己的基金卖掉一半，在6000点时卖出了另一半。没过多少天，股市涨到顶点，开始快速回落，我得以全身而退，而持有基金的其他同事，只有人事部的艾经理跟着我跑了，其他的后来都深套其中。据说后来董事长把负责管理奖金的副总好一通埋怨，而我在公司的名声又提高了一截，被同事戏称为"股神"。当然，我对自己是几斤几两，还是有自知之明的。

我根子上是一个比较谨慎的人，而我的专业背景

三十、见好就收

也教我谨慎,这种谨慎让我在 1995 年及 2006 年期间的两波行情中赚到钱并成为最终的赢家。但我也并非一直谨慎,如果说我 1994 年的不谨慎是由于自己的无知,那 2015 年的不谨慎,那就是因为自己的忘形。2015 年,我抓住机会一度赚了有 3000 万元之多,最后只剩下三分之一,虽然可惜,不过只是少赚而没有亏钱。这事启明同学清楚,股市后来大幅回落,他特意打电话给我,问我的股票怎么样了,我说还剩一半盈利。后来我又丢了 500 万元。

很多股民的辛苦钱都在股市上下跌荡的过程中灰飞烟灭,有借钱炒股的,最后人也没有了,那是最惨。我还好,人在,钱也在,并且钱袋子似乎在逐年鼓起,既有自己收入的逐年增加,更多的是来自投资股市的收益。也没有被吓倒,至今仍在股市的炮火中穿行,只是胆儿越来越小,只愿找一些自认为最安全的品种来做,譬如像中国人保 H 股这样的,市盈率低,市净率也低,业务又比较稳定,买了后,股价下跌也不至于夜里睡不着觉,我现在投资股票不求暴利,但求小有所得,算是给自己找点事情做,享受其中的过程。这只我提到的股票,第二天被启明同学发来的那篇《狂跌:整个世界都在熔断》的文章吓到,周四买入,周五就跑了,只挣了七八千块钱。那股票,一个星期后,已涨了一成多,虽有些许遗憾,但同样的事情经历多了,也就学会了不在乎。在未知的风险面前，宁可失去机会，安全是最最重要的。

我去公司前后13年，从最初几乎没有奖金，到第二年有十几万元的奖金，之后逐年增加，至最后几年，年薪达300万元，听起来不少，实际自己所得不多，因为其中45%都交了个人所得税，为国家财政作了贡献。我现在拥有的财富，其实大都来自股市，当然，工薪收入作为投资股票的本钱，也是功不可没。

除了股票投资的收益，就是房产的增值。在北京西北方向买的房子，三居室150多平方米，伯钧同学曾去过，2004年5800元的单价买的，当我在二环边有了新的房子后，2010年以4万元的价格卖掉了。伯钧当年一家三口来我家时，他女儿芳芳说的一句话，我至今仍记着，她说："真是知识改变命运啊！"伯钧很清楚我过去的窘境，大概也说与他女儿听，那天来到我家，看我在北京住这样的房子，因此而慨叹。是否是知识改变了我命运，我还真没有认真考虑过这个问题，但也必须承认，知识对于我的发展与我的今天，肯定是起了作用，可能还是比较大的作用。只是这世界上有知识的并非都拥有我今天的财富，说起来主要还是我的运气好的缘故吧。

现在我居住的房子，是2007年买的，我记得花了500多万元，比我高两层的那套房，前年被卖掉了，据说成交价是4600万元。我们班里只有王灿芬

三十、见好就收

同学光顾过我们家，欢迎同学们来北京时过来玩。我们家现在似乎什么都不缺，就是缺人气，有同学来做客，我会很开心。说起来，我其实没有做什么房产投资，只是把自己的住房置换了几次，每次面积增大一些，环境地段更好一点，至今我名下就一套房子。这套房虽说价值不菲，但对我来说其实意义不大，除非我哪天把房子卖了，今后到嵊州老家那边定居。或者卖掉房子去国外定居，但我从没有这种想法。退休后那些年我请了一个私人家教学英语，有朋友问我是否准备移民，但我只是学着玩，消磨时间而已。

现在回过头看，在北京、上海这样的城市，其实投资房地产的回报最丰厚，有钱就买房子持有，不必在股市费力折腾，最后赚钱最多。

人没有钱或者缺钱，那很难受。钱多了，其实也没有大用，每顿吃的饭还是那么一小碗，每天睡的床还是占那么一小块地方，说起来，不过就多了一点安全感及自由度而已。当自己想做什么时，更容易实现自己的愿望，当自己或者家人遭遇灾祸时，不必惊慌失措，如此而已。

有一次在嵊州，有朋友请我去洗脚，盛情难却之下我去了，进到里面，我朋友对接待我的女孩说："这是北京来的客人，要好好做哟！"待我脱去鞋子，露出那后跟快要穿帮的袜子，我能瞥见那女孩露出的不屑的眼神，不过我并不在意，袜子能穿就暂且穿着，不怕人家笑话，这种坦然，大概算是手里有钱能带给我的另外一点好处吧。

有人说，钱袋沉重心情才会轻松，这是有道理的。

三十一、做慈善不容易

当年股市投资顺利,赚了不少钱,心里就曾想:这钱来得太容易,今后不妨做一些慈善。我打听过,一定额度的慈善捐款,可以享受个人所得税抵扣优惠。那几年我的薪金收入很高,几乎都是按45%的顶格税率缴纳,这也是我愿意做慈善的重要原因之一。

我自己受惠于教育,深知教育对人发展的重要性,因此我最愿意资助的是教育,尤其是义务教育。

"希望工程"创意很好,帮助了很多失学儿童,但同时有不少负面报道,对我影响不小,我不想投,除非我自己操作,但我那时候还在上班。

我有意捐助一笔款给我小学的母校,但回老家一看，母校新建，老家那一带经济发达，就打消了这个念头。通辽那边，虽然经济尚不发达，但政府在基层教育方面的投入不少，各乡镇都成立了中心小学，原来一街四街两个村合办的小学撤销了。

那次我们去四街时正好是雨后，原来我们集体户前面那条村里的主路，是泥地，年久失修，雨后到处是水坑，便临时起意决定帮村里修这条路，与村里领导一说，他们自然高兴。

回到北京，经咨询，村里那条400米长五六米宽的路，20万元可以修标准的一级路。

为了享受税收优惠，我得按要求将钱捐给某一符合要求的慈善机构或者各地的民政局，记得有一个中国农村扶贫基金会，根据网上找到的地址，我特意去了一趟，说明来意后，被告知：若要请他们出面操作，要交10%的操作费用。我心想，还不知道他们怎么操作呢，就要了我10%，若他们自己不去人，只是层层转包下去，最后能有多少钱用于实际建路就难说了，还是自己另想办法吧。

最后决定把钱捐给通辽的民政局，为此我起草了一个三方协议，我为甲方是捐款一方，民政局作为乙方是捐款的接收方，丙方是作为受益方的村委会，协议规定了三方各自的权利义务与责任，乙方在收到该款后应该根据协议规定的方法使用，运用工程招标的方式，以最节约高效的方式在四街村指定位置建设一

三十一、做慈善不容易

条符合质量标准的路,最后还把通辽市审计局拉了进来,要求民政局在工程结束后请审计局进行审计。

满以为通过这种协议的方式,可以基本保证所捐款项用于路的建设,最后证明我大错特错,那完全是书生式的纸上谈兵。

当乙丙两方将签字盖章的协议寄给我后,我带着银行卡特意去了一趟通辽,在村干部的陪同下去民政局,民政局开了交款单,由我拿着去银行把钱汇到当地财政局,财政局收到钱后会把钱拨付给民政局。交完钱后,又持交款单副联到民政局盖了章,我可以据此作为个人所得税抵扣的依据。

几个月后,四街那边通知我路修好了。期间还打电话告诉我,说准备把我上报为通辽市的慈善模范,要我提供相关的个人资料,被我一口拒绝了,我不愿意像做了好事到处张扬的慈善达人陈光标,我只想悄悄地按我的心愿做一些实实在在的事。

过了几个月,我去了一趟通辽,与正在通辽的应志平一起到四街。路是修好了,看上去很漂亮,是水泥路面,但水泥面很薄,刚修完几个月,已有局部露出了下面的沙土,一看就知道质量不怎么样。

与村领导见面时,要求他们给我看工程决算单,他们拿给我一张专门的格式用纸,抬头写着"工程决算书"字样,只是里面的内容让我哭笑不得,就头一行预算收入写着一组阿拉伯字母:197000,就这些。

问会计:具体用了多少钱?都用在哪里?还剩多少?回答说不知道。我又问:那有没有记账呢?回答说没有。听他的口气,我这钱好像不是捐给四街村,而是捐给了这几位村领导。

我本已带去另一个20万元,看了这份决算报告,听了他们的回答,我改变了主意,当即告辞回到通辽,第二天乘车回到了北京。

后来我想,为什么是19.7万元而不是20万元呢?必定是村领导拿出了其中的3000元,请客送礼搞定了民政局,把钱拿到了手。

可叹我的精心设计,被人家的一顿饭局就轻易破解了。本来我计划进一步捐资,准备把四街的路都修一修,再搞些绿化,让四街村变得漂亮一些。经历了上面这些之后,我心淡了,没有了之前的热情。

那年冬天,村里过来一个车,带给我很多过年吃的东西,我们家就两个人,东西只好都送了别人。我心里想:这是对我表示感谢?大概把我当成掌握拨款大权的官员了吧?我需要的是把我的捐助款实实在在地用在修路工程上,而不是千里迢迢来送我过年礼。我怀疑这些礼品是用我的捐助款买的。

第一次不成功的捐助之后,我以为事情就到此为止,没想到麻烦还在后面。村里后来几次跟我联系,说他们想法借钱把村里其他的路都铺上了砖,希望我能进一步资助。我婉言拒绝了,心想:给你们钱,你

三十一、做慈善不容易

们连账都不记,又跟我要钱,把我当傻瓜呢?

有一天,村里的干部包括妇联主任突然都来到北京,我去见他们,并请他们在馆店吃饭,但他们本意是跟我来要钱,见我没有答应,饭局的气氛很是尴尬。妇联主任是马芹的女儿,她妈卸任后,女儿顶了班,一般的事,我也许多少会看在她妈的面上,给一点回旋余地,但这事不行,这些村干部,我对他们完全失去了信任。

在此期间,公司发起成立了金融街慈善基金会,我当时作为发起人之一,认捐了10万元。后来的两年中,我又每年捐给基金会20万元。后来捐的40万元,捐时心里有些矛盾,心里我是愿意做些慈善的,但第一次的经历让我知道做慈善不容易,其实不知道拿这些钱具体做什么用,同时我又觉得如果不捐的话,之后我退休了,到时候再想做点什么,就得百分之百由自己出钱。几经犹豫后,我仍捐了。毕竟基金会答应我,用这些钱,只要捐的钱用在教育与扶贫项目,具体投向哪里可以由我决定。这在其他的基金会很难做到,不过现在这种方式越来越多地被运用,因为这样捐款人积极性会提高。

公司因为我做的一些慈善行为,要推荐我为西城区的道德模范,也被我一口拒绝了。我就是普普通通一个平常人,只是做了一点点好事,若戴上道德模范这顶大帽子,未免太过沉重。

后来这笔定向捐款,让我有些为难,我不想让我个人的捐款随大流拨付给与我没有一点关系的地方,因此还需要我自己找项目把钱用掉。思前想后,还是觉得愿意捐给四街,我在那里待了八年,我欠那里乡亲的情,我愿意为他们做一些什么,但决不是用过去那种方式。

我退休后,又一次去通辽,正好应志平也在,我们到通辽周边的一个村子转,看见路边的太阳能路灯,觉得挺好,如能给四街装上,能从生活上带给村民一些方便。带着这想法去了一趟四街,村干部们表示欢迎,但希望事情由他们来办,我有点拿不定主意,但即使最后同意他们来办,也决不能像上次那样让钱经过他们之手。

那次,有村民悄悄告诉我,我捐款修路的事,村里把它交给村主任的哥哥一手办理。我还注意到,村主任开上了一辆国产品牌的 SUV。

回到北京后,我通过网上查询,对路灯的价格有了谱,后来发现我可以在网上直接订购,经与供货商电话联系,商定了价格,对方说可以在冬天之前安装到位。

我即与四街联系,对方却不积极,推说冬天之前来不及了,明年开春再说。我告诉他们:明年是什么情况,很难说,也许到明年春天,我可能不想做这事了呢,你们抓紧商量一下,告诉我结果。最后对方总

三十一、做慈善不容易

算勉强同意了。

我知道他们不积极的原因，钱不经过他们手，他们不开心了。有了第一次的教训，我不可能再把钱交给他们，我宁可不做。

最后事情做成了，他们不开心，我还是很开心的。每天晚上，被路灯照亮的四街村，成了当地的一景，也给四街的村民带去了实实在在的方便。

我在基金会的账上还有十余万元可由我支配的资金，原想买一些苗木用于四街的绿化，村里听说又是我亲自操作，就找一个理由干脆拒绝。最后我把这笔钱捐给了嘉兴学院的困难学生，那是我母校，原来校址在浙江建德，后来移址到嘉兴，校名也改了。

我的慈善经历到此为止，一是我退休后，慈善捐款不能再享受税收优惠，影响了我的积极性；二是通过自己的慈善经历，发现在我们国家实实在在做慈善不是一件容易的事，除非我愿意糊里糊涂交钱后就不管了。我若今天再做，一定是以我能接受的方式去做。

之前报道在汶川地震及其他灾害后，香港的捐助者千里迢迢把善款与救助物资亲自交到受灾人手中。经历了在四街做慈善，我充分理解香港捐助者的做法。有人对我慨叹说中国社会的腐败已经渗透到了毛细血管，我听了感觉就如鲠在喉。当然，经过这些年的反腐，现在应该好很多了。

去年为纪念下乡五十周年再次回到四街时，注意到当年我花了 20 万元修的那条路，整个成了水坑。其他的路都很好，那是后来政府拨款修的。聚餐时新任书记对我说："你看到那条路了吧？当年那事我们确实做得不好，你看你能不能再……"我嘴里嗯嗯着，心里想：这是让我第二次当傻瓜呢？

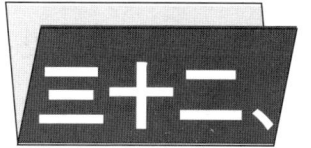 悠悠故乡情

退休后,经常有机会回老家看看,有时候会在老家住上一段。老了,才知道,老家是我最愿意待而且感觉最好的地方。为什么?一句话说不清,可能就是

老屋台门

出于一种乡恋吧,似乎觉得自己的根就在那里。

老街依旧,老屋依旧,甚至人脸依旧。记忆中的那种熟悉气息也依旧。

那浓重的乡音,听起来异常地悦耳,倍感亲切。那也曾是自己早年的困惑,由于它,当年我学说普通话时真是特别不容易。离开故地多年,我虽已不能流利地用方言表达,却可以完全听懂,毕竟自己是在这里长大成人。

老街弄堂

第一次故地重游,除了感觉亲切,更多的是慨叹,慨叹外面沧海桑田,故地却旧貌依然。路名依旧,过去叫白莲堂路,现在还是,只是看上去不像路像弄堂。一个个台门依旧,只是没有了早先的生气,儿时这路两旁的台门几乎我都去过。条条弄堂依旧,只是看去更加狭窄,窄得两人相向而行时似乎需要侧身才能通过。附近的几口井也依旧在,前面的三王井还在用,但井水已不能饮用,后面楼下井则徒存井台,被弃用了。现在每家每户都用上了自来水。前后几个公共厕所的位置依旧,只是都翻新

三十二、悠悠故乡情

了，里面的木架坐坑被现代陶瓷蹲坑替代，墙上也贴了瓷砖，有专人管理，比以前整洁干净很多，我猜想在这儿的各家各户都没有卫生间，因为老街改造起来很困难。一些老邻居也还健在，依旧坚守在各自的老屋里，碰上聊起来仍都认得，感觉十分亲切。

儿时曾经住过的老屋仍在，台门四周的石柱仍在，两扇铁皮大门仍在，但大门已被封死，侧旁开了个小门。从小门进去，有一个算命先生坐那儿静等生意，那原来是邻居毛毛家的厨房。道地（天井）仍在，老屋的基本轮廓仍在，但有些地方做了隔断，有的房间被装修改造了，往上看去，楼上那熟悉的一排格式木窗仍在。沿道地边过道往各个房间溜了一眼，都已是干燥的水泥地甚至铺上了地砖，过去的黑色泥地不见了。

记得小时候我们居然就住在潮湿的泥地上，现在想想真是唏嘘不已。这房子建成时每个房间都铺有地板，想必是年久失修，破旧的地板就撤去了。当年镇政府与我们换房子让我家搬到了这里，只剩个别房间有地板。记得原来我们在自己的李家大院住时房间里都是有地板的。

有一次我与凌云进里面观看，道地边有一男的背着我们在洗衣服，见我们进去，瞄了一眼后继续洗他的衣服，一边与我们搭腔，凌云话多，说我们以前就在这儿住,那男的回过头看了我们一眼后问:"你是敦嘉哥哥吧?"我们也认出了他,竟是毛毛,邻居王锡成的儿子,比我小十几岁。当年所有在这儿住的年轻人里面,他是唯一一个还在这儿坚守的,他在楼上有一间属于他的房子。关于他,有人告诉我,他一生过得很坎坷,我很遗憾。

另一次则是插友应志平陪着我又去老屋那儿走家串巷,碰到薛老师,他已认不出我,我却很容易认出了他,他较小的那个外甥叫伯强,与我年龄相仿,是我儿时的玩伴,他的大外甥叫伯相,当时我读初三,他在高三。薛老师在城郊某个小学任教,年轻时就身体不好经常病休在家,近五十年过去了,他看上去好像没什么变化,真的很神奇,人说常生病的人长寿,看来不是没有道理。我跟他说我小时候就住在此处,无事就过来看看。他指一指对面台门,对我们说,那里有个人很会读书,据说都研究生毕业了。应志平指着我笑着对他说:"就是他呀,现在都博士毕业了!"看来我在这一带还小有名气呢。

薛老师就住在老屋对面的台门里,记得叫祝氏台门。祝氏台门是南北通透的,从白莲堂路一直通到南边那条路,与老屋相对的出口的西边,曾经有一个坍塌的角落,据说是被日本人的炸弹炸的,大概主人没钱修理,长时间就是那样子,后来房管会出面在台门前空地处盖起一排平房,顺便也把那炸毁的屋角修理了一下，新建平房的住户我不认识，也许是因为过后不久我就去了内蒙古的缘故。

那台门北出口的东边，住着一户姓王的人家，这家的兄弟二人，也是我儿时的玩伴，但是与老大玩得多一些，老二比我年龄小好多。有一次去碰到了老二，他认出了我，大概看我们从老屋出来，就猜到七八成。他在家里开了一家诊所，过去他在部队当过卫生兵，他哥不在这儿住了。他家往里，也是我很熟悉的一家，主人好像叫苗兴，嗜好打牌，小时候缺人手时也会叫我去凑，他家里有个没发育好的妹妹，长得很矮小，我印象很深刻。穿台门路过他们家时，想进屋拜访一下，但又有些犹豫，有点"近乡情更怯"的感觉，觉得见了面不知如何介绍自己，也不知道说些什么才好，不如就这样随意走走感觉好。

从他家再往里进去，右边有做泥水匠的阿毛师傅，我印象深刻，是否还健在我不清楚，也没有去打听。记忆中，附近邻居中都是劳苦大众，有炸油条的，有当泥水匠的，有做鞋匠的，有推人力车的，有摆小摊卖杂货的，有摆小书摊的，有开小酒店的，有替人画像的，有在近郊务农的。小时候去别人家玩，若有人问起我是谁家的孩子，会有人介绍说我是"打鸟佬"的孙子，加一个"佬"字，显然有那么一点轻视的意思。那个年代，谋生不容易，谋个像样的职业更不容易，大家为了养家糊口，干什么都有，把面子看得很轻,我人小更不在意。

这一片街区一个台门接一个台门的,我不知道解放前这里是什么样的,按现在的说法,应该算是个"高档社区"吧?一个台门往往代表着一个家族,有钱人才建得起这样的房子。原来我们住的李家台门,规模很大,也是南北通透至前后两条路,我爷爷兄弟六个分家后都住在一个台门里,每家都有宽敞像样的房子,我的先祖,当时想必也是非常有钱的大户人家。

原来住在这里的一些家族,有些解放前就破落了。解放后,更是没有了富人。人口在增加,但房子却没有新建,居住条件越来越差。到后来,三教九流挤住在一起,没有什么高低贵贱之分。我从小就是在这种环境下长大的,很熟悉也很适应这样的氛围。

我们住的铁皮台门,本不是我们李家的,我五六岁那年,镇政府征用了李家台门里我家的房子用做办公,把我们换到了路口这个台门。这里之前可能也是被没收的地主人家的房产。

这老街区也有极个别家庭比较特殊,譬如有一家姓叶的,在我家出门往西左边弄堂的一个台门里,我一个同学曾住那儿,因此知道。叶家孩子的父母都是商业局的干部,他家的孩子不与邻居玩,他父母管得很紧,也许担心被穷苦人家孩子带坏了。

我也曾在成飞同学陪同下去了一趟里沙滩,当时下乡时我与成飞暂住的老屋仍在,站在老屋前,我在想:倘若我当年不去内蒙古,我的命运会如何?恐怕无人能知道答案。

人生就是如此,往往是一念之差,就改变了整个人生轨迹。

与成飞同学重返里沙滩

三十三、穷却快乐的时光

对故乡浓浓的思恋，多集中在儿时。

这里是我儿时的生长地，一景一物都能勾起我很多很多温馨的回忆。当我独自漫步在这条似乎被人遗忘的老路时，似乎能闻到一种熟悉的故乡的气息，脑海中会出现儿时玩伴们的音容笑貌，耳边能听到铁圈在路上滚动时嘎嘎作响的声音。

滚铁圈是那时候每一个男孩都会玩的玩具，找废弃的破木桶铁箍作为滚动用的圈，再找一根半米多长的粗铁丝，一头弯成钩，玩时钩子托在铁圈上，让铁圈滚动，人随圈走，随时调整自己的步伐，保持铁圈顺利向前滚动。那时候门前的路用大块石头铺成，不平，保持滚动的铁圈向前不倒也需要有些功夫才行。

三十三、穷却快乐的时光

其他玩的还有翻牌，弹玻璃球，玩人力车轴承滚珠，打棒，斗蟋蟀，打贱骨头（陀螺），玩水枪（用竹管自制），下棋（西瓜棋、军棋等）、玩扑克"梭哈"或 21 点睹小纸牌，等等，这都是些男孩子玩的花样。

翻牌是两人以上的游戏，大家各自把同样数量的小纸牌，叠一起放地面上，然后每人用手中的一张纸牌往墙上高处贴，撒手后纸牌飘落，谁的纸牌落得远谁先来，个子高的往往可以占得先机，但先来的未必能占便宜，正式玩时，手持一张小纸牌，使劲往下甩，有时直接甩往摞着的纸牌，有时候甩在地面上，利用产生的气浪把纸牌掀翻转身，采用何种方式要视地上纸牌的厚薄及其他情况而定，若把牌翻了一半没有折过去，那便给对手做了嫁衣。翻转的牌就算你赢的。那些小纸牌在街上能买到，很便宜，一版一版的，就像邮票，有的以人物为主题，有的以动物为主题，有些欣赏价值，但儿时玩牌主要是满足争强好胜心。

弹玻璃球是这样一种游戏，先在平整处划一个半径二十来公分的圈，然后在圆心处挖个小坑，大小够玻璃球能落下，谁先把玻璃球弹进坑里谁赢，彩头可以是纸牌，也可以是玻璃球本身，玩的过程中，玻璃球在进坑前只能在圈外活动，允许把对手的球弹远，也允许把对手的球打进圈内，但若自己的球想进坑而没有进，落在了圈内，就不能动了，任由对方找一个最有利的位置把球滚进坑。

玩轴承滚珠由三人以上共同活动，每人将自己在地上的滚珠（废弃的）与他人的保持一定距离，当你认为可行时，拣起自己的滚珠掷向对方的滚珠，然后量一量，若伸开你的手能够到两颗滚珠，就赢了对方的滚珠。记得那时候隔壁台门里有一个从宁波过来的玩伴，喜欢留指甲，丈量时若差一点，会用力拉伸他的手指，拉伸时指关节会嘎巴嘎巴响，然后再量，别人以为够不到的，他有时候居然就够着了。

打棒游戏是找两根大拇指粗尺把长的柴棒，架在两节砖头上，前面七八米开外处划一条线，对手在线外站着，你用手中的柴棒将架在砖上的柴棒打出去，若对手接住了那柴棒，你就输了，换手；若对手没接住柴棒落到了地上，你就把手中的柴棒架在砖上，让对手在柴棒落地处用柴棒击打，若把砖上的柴棒打落，就赢，换手，否则继续。

每天晚饭后是大家出来玩的好时候，每次出来一般都能找到玩伴，到时候大家都会不约而同地出来等着，若没看见人，就会到玩伴家中喊人，大人也不会反对，只是叮嘱一番，诸如别走远早点回来等等。

现在的孩子整天待家里，除了做作业，就玩电脑玩游戏机，少有机会与人交往，这可能是现在越来越多的孩子得抑郁症的重要原因。所以现在的孩子虽然条件比我们那时候好很多，但我觉得不如我儿时那种

三十三、穷却快乐的时光

环境好，大小孩子们自由自在地在一起玩，更有利于孩子成长与身心健康。儿时玩得如此痛快，也没见我耽误了学业。人会在玩的过程中变聪明。

有时候会去小书摊看书。老街镇政府对面有个叫吴国良的，是儿时经常的玩伴，她母亲在戏院旁摆了个书摊，我常去。看小人书是我儿时的最爱，那个时代的同龄人大都有此爱好，甚至有些大人也喜欢，我父亲就特别爱看小人书。小人书根据厚薄，价钱不等，一分钱两本或一分钱一本，坐在书摊边的小凳子上看，看完还了再借。去得多了就学精了，会约伴同去，一人借一本，坐在一起看，看完后悄悄相互交换，这样一份钱就能看两份的书。儿时最喜欢看的是《三国演义》，百看不厌，喜欢桃园结义的情节，折服于关公的威风与义气，羡慕赵云的英勇与帅气，不喜欢曹操的奸诈及他的"宁可我负他人，不可他人负我"的人生哲学。《西游记》、《封神榜》的小人书也爱看，但不太喜欢看现代的。自己稍大一些后会借小说书看，《东周列国志》是我喜欢看的小说之一。及至上了初中，可以上图书馆借书了，才不再去书摊借小说。长大后，但凡看到小人书，即便看过多次，仍会饶有兴趣地翻看，儿时养成的爱好与习惯很难改变。

很遗憾，过去热闹的小书摊不见了，现在的孩子都在自己家里拿着平板电脑玩游戏，我不知道这是好还是不好。

三十四、留住乡愁

流经城关的剡溪,是嵊州的母亲河。

剡溪蜿蜒往北流去,至上虞后称为曹娥江,曹娥江向西后继续向北流去,与往东来的钱塘江汇合,一起流至杭州湾入海。

出我家往南不到十分钟,就到南桥,剡溪从桥下流过。桥那边水深,有几个埠头,供大家洗衣服,大人游泳也去那边。桥这边水浅,有沙滩,儿时我就在这片沙滩浅水中学会了游泳。开始是偷着去,不然我奶奶不会答应,因为每年夏天都有人淹死,所以去时不能带衣服,只跟我奶奶说出去玩,空手离家,悄悄约伴同去,在沙滩浅水处扑腾,学水下闭气,半个多小时后,脱了裤衩,晾在沙滩上,然后光腚再入水玩

三十四、留住乡愁

一会儿,待裤衩干了,起身用手撸撸身上的水,穿上裤子回家。一个夏天过去,就学会了游泳,当然是最基本的,泳姿就是狗爬式。后来奶奶知道了我会游泳,就由着我,不管了,她从未问我是何时学会游泳的,可能早就识破了我的那点小伎俩,只是睁一只眼闭一只眼没说破而已,对她来说,孙子平安无事就万事大吉。

记得台门里的毛毛就没有学会游泳,他是独养儿子,他妈妈担心,管得紧,而他自己也比较乖巧。家长过分的保护与管教,其实没有什么好处。

几年过去,我泳技日渐成熟,就开始到桥对面深水区游。夏日里,每天饭后去游一会儿,就当洗澡了。再后来,就把游泳当成一种锻炼方式,天凉了,也坚持游,有一年,坚持到12月,最晚的那次我记得是12月26日,因为是毛主席生日,所以记住了。南方的12月份已进入寒冬,人们都穿上了棉袄,我在水里游,可以看到桥上路人驻足而看,指指点点。那时间游泳确实感觉很冷,下水前用半湿毛巾简单搓搓身,游到河中间就赶紧往回游,出水后抓紧擦干穿上衣服。没记得自己因此而生病,年轻火气旺,不生病。但冬泳的感觉实在太冷,因此没有再坚持下去。后来在北京看人在真正的严寒下冬泳,惊叹的同时,想起儿时在冬天游泳的经历,实在是小儿科。

记得是下乡前的一年夏天,接连几天大雨,剡溪河水涨得很满，接到同学传话，说张都老师约大家一起去游泳，我去了，我们从西桥出发，穿过南桥，到东桥上岸。河水湍急，尤其是过桥墩时有漩涡，很危险，好在大家都平安无事。这事要放在现在，打死老师也不敢在这种情况下自行组织学生去河里游泳，一旦出什么意外，谁也担不起那个责任。

过年无疑是我对儿时最美好时光的记忆。

那年代物质是如此匮乏，让我对食物有无限的渴望，可以说，红烧肉是我的最爱，那东西平时是吃不着的，只有过年有。平日里偶尔菜里有些许肉丝，那只能吊人胃口。记忆中那时候只有盐酱醋酒等可以随便买，其他副食品及日常生活用品都是凭票供应，肉是紧俏商品，每月配给的肉非常有限，我长大一些时，奶奶也会让我去肉店买肉，但经常只是买两毛钱的，就那么薄薄的一小条，主要切成肉丝用于炒菜，炒菜中的肉丝是如此之少，我只能挑几根尝一尝，因为还要顾及其他家人。儿时的困苦让自己早早就有了同理心。菜中肉丝的味道是如此鲜美，觉得永远吃不够。

每年过年，会多发一点肉票，因此可以做顿红烧肉吃，但也远不是让你吃够，大年三十的晚饭，一锅肉出来，奶奶为每个小孩都盛好浅浅的一小碗，碗里大概有两三块肉，其他的是油豆腐，每人都只能就着自己碗里的，慢慢品尝，吃完就没有了。那红烧肉带

三十四、留住乡愁

皮,肥瘦相连,沾着酱红色发亮的汤汁,闻着奇香无比,咬一口回味无穷,那时候的感觉,似乎肚里装下一锅肉都没有问题。油豆腐沾了肉味道,也无比地美味,因为儿时的记忆,至今我一直喜欢油豆腐的味道。

现在的孩子吃的东西太多,对食物不会有这种视觉与味觉享受了,所以穷也有穷的好处。半饥不饱的日子,一是带给我们深刻的美味享受及永久的美好记忆,二是极少生病。现代医学理论证明多吃素,每顿七八分饱对人健康最有益。

有时会随一些大点的玩伴去城隍山那边玩,顺便看到路旁有梅树、杏树、桃树结果,会顺手摘来尝一尝,刚长成的梅子,小咬一口,酸涩难忍,一般都是咬一口尝尝就随手扔掉,成熟的果子就轮不到我们尝了,那时候物资困难,果子熟了就有人看管。有时候运气好能在路边摘一个半熟的番茄,一般也是咬两口扔掉。桑葚熟时,会结伴去桑树地摘桑葚吃,树上的桑葚一般没有人管。

说到这里,想起门前薛老师家后院有颗很大的杏树,春天过后会结满果实,黄灿灿的,煞是诱人,出墙的红杏,是大家的目标,趁大人睡午觉,邻里大一些孩子会带我们用长长的竹竿打几个杏子吃。

只要老街还在,我会一趟又一趟地"回家"看看。我虽然为这里的人们依然生活在这种环境中而叹息，但听说这儿就要拆迁，又觉得十分惋惜，想象几年后再回来，这里成为一个新的居民小区，能勾起儿时回忆的一切都将荡然无存，老街没了，弄堂没了，老台门没了，水井没了，认识的老邻居也没有了，能勾起我乡愁的一切都消失了，我对老街的那种眷恋也就会随风飘散，以后回来能做的事情也许就是遥指那片故土，对我的儿辈或孙辈说，那就是我从小生长的地方。他们也许会像吃玉米棒或烤地瓜时慨叹前辈吃如此美味的东西，也慨叹：前辈竟然住在环境如此优美的地方啊！

　　我希望这里的人们能改善居住条件，不再住在连卫生间都没有的阴暗老屋里，却又希望这里的一切都能尽可能长尽可能多地保留，甚至永久保存。也许将来条件允许，这里会改造成为故风貌保留城区，那就太好了。留住乡恋，我想这不会是我一个人的愿望吧？

三十五、烟摊边的小姑娘

当我回忆儿时往事时，不知为什么眼前总会出现这样一个景头：一个老头，在街边支着一个烟摊，挨着老头，总坐着一位小姑娘。那应该是我开始上中学的时候，每天上学出门向西一直走到路口，即北直街的南端，便能看到那烟摊。每次看到烟摊旁那小姑娘，我都会想：这小姑娘为什么不上学呢？从年龄上判断，这应该是祖孙俩，老头应该是她爷爷（或外公）。每次看到他们，那小姑娘总是静静地坐在他爷爷身旁，从未见过她笑，也没见过她对她爷爷说话。那小姑娘大约有十来岁，圆圆的脸，梳两条细细的小辫，不难看，也不漂亮，从她的神情观察，小姑娘虽然目光有些呆滞，但不像是智力有问题的样子。在这个年龄，谁要是每天只能傻傻地陪着爷爷盯着烟摊，恐怕神情都会变得有些呆滞。我注意到，这小姑娘的目光总是盯着前面的烟摊，当有人经过时，她也不朝你看，当发现有人在注意她时，她会自然地低下头，避让陌生人好奇的目光。但我想她肯定会注意到每天背着书包经过烟摊去上学的很多小朋友，肯定也希望她自己也能像其他小朋友那样，能每天背着书包高高兴兴地去上学，她这个年龄，谁会不愿意去上学呢？但现实中，她却只能每天孤单地坐在烟摊旁，默默地陪着她爷爷。她之所以眼睛一直盯着烟摊，恐怕就是不想看到从烟摊经过的小朋友，以免勾起自己无法实现的愿望，徒让自己悲伤。

我一直对这小姑娘及其家庭背景感到好奇，但只是心里好奇，没有去打听，也无从打听。

那时的县城很小，街上有几个摆烟摊的人，都是老头。一个我叫他三伯伯的亲戚，也是摆烟摊的，但他的烟摊更简单，简单到只是一块板，板上放着售卖的香烟，板上有一布带，布带挂在他脖子上，到处转悠，因此可能叫移动烟摊更合适。三伯伯是我爷爷三哥的儿子。待自己长大懂事一些后，有一次我问我奶奶："三妈为什么天天扫街呀？"奶奶告诉我："你三伯伯家是地主，以前享过福，所以要扫街。"我还太小，这其中的逻辑与因果关系，我搞不太懂。我虽知道了三伯伯三妈家是地主，但见着他们仍会恭恭敬

三十五、烟摊边的小姑娘

地称呼他们一声,因为他们是我长辈,偶尔还会进他们家,他们家在我家北面,离我家很近,他们的女儿叫燕燕,与我有同一个太公。

我真正长大了才理解,解放后,三伯伯家的田地及多余的房子都被没收了,一家三口生活没有了着落,又不像其他人那样有什么谋生的本事,而政府大概也不想看到他们一家人饿死,便允许他们摆个烟摊,挣些小钱维持生计。

烟摊旁的小姑娘,她爷爷很可能也是像我三伯伯那样的情况。但即使真是那样,我仍不能理解这小姑娘为何不上学,那时候,地主虽然是所谓的阶级敌人,但没有听说不允许他们的子女接受义务教育呀?这背后必定另有原因。

那小姑娘是真可怜,小小年纪,上不了学,还有什么比到上学年龄上不了学更惨的事呢?何况是在城里,何况是解放后!

多少年过去了,我至今仍记挂着这个烟摊旁的小姑娘,不知道这可怜的小姑娘现在何处,情况如何?不知道她这一辈子怎么过来的?如果有人认识她,我很有兴趣一探究竟,想知道她当年没能上学的原因。

无论我自己童年及青少年是如何度过,与这个小姑娘相比,我都是幸运儿,因为至少我有学上。我上中学时,所需学费我父母都会及时寄来,后来知道,有一段时间,我们姐弟三人同时上中学,三人学费占了我父母一半的收入，每次需交学费时，都由我父亲向单位工会借钱，之后逐月在父亲的工资中扣除，常常是刚还完，新的学期就又开始了，便又借，如此往复，可父母从未为此抱怨。

我深知，我后来的发展，受惠于儿时受到的教育。因此今天我若是想帮什么人，那穷困家庭的学生以及有困难的老师，应该是我最愿意出手想助的对象，帮老师是出于感恩，帮学生是深知他们今后的命运，很大程度上取决于他们所接受的教育，我希望天下所有的孩子今后都有一个好的发展。

有一次看电视，节目中的一个乡村教师的故事把我感动了，电视里一个个子不高的男子，几十年在四川某地深山里的一所小学坚持当老师，每月工资一直只有200元，生活非常艰难。敬佩之余我动了恻隐之心，动笔写了一封信给他，说自己在电视里看了有关他的报道，很感动，有心想帮帮他，要求他接信后去开个银行存折或银行卡，然后把账号告诉我，我会每月寄给他一笔钱，还特意在信中写明了详细的回信地址、我的工作单位与我的姓名，但一直没接到回信，此事只能作罢。如果他回信，我曾打算每月汇他两三百元，这对我不算什么，可惜他没有回，也许是以为我是个骗子，不相信天下有如此好事，也可能是出于自尊心，他大小也是为人师表的老师呢，但我并未在信中出言不逊，不至于让他觉得我的捐助像嗟来之食。这是我唯一一次因为看电视被感动而有行动，但又没有结果的一次慈善行为。

　　今天我若遇上像烟摊旁小姑娘那样的失学孩子，我是很愿意出手相助的。五十多年前的烟摊旁的小姑娘，没机会上学，太可怜了！我为她祈祷，祝愿她一辈子生活得还好，没有太受年少时失学的拖累。但愿在我们国家再也不会重演这样悲惨的故事。

三十六、别了,我的第二故乡

带女儿乘毛驴车回四街

三十六、别了，我的第二故乡

退休后，我也思恋自己的下乡之地——通辽四街村，那是我心目中的第二故乡，我人生中最美好的青春年华是在那里度过的。

1979年我离开通辽回浙江老家那边上学，直到1996年我才第一次返回通辽，那年我女儿小学毕业，带她到我过去插队的地方去看看，是我的夙愿，让她去那儿体验一下我曾经待了八年的农村生活环境，我觉得对她有好处。

去四街是应志平与赵传德陪我去的，那时志平在通辽一中当老师，传德在通辽粮库工作。还记得我们下了火车搭乘毛驴车的景头，驴车老板跟我们要两块钱，志平压到一元，我真有些于心不忍，火车站离四街大概有两三里路，我们四个人，两块钱已经够便宜了。车站附近都是等生意的毛驴车，老板没有办法，最后只好答应我们的条件。

那里的冰棍也便宜得惊人，北京五分钱一根，那里只需两分钱。

本想到老乡家住上两天，及至到了四街，自己先开始不忍，想起曾经的刘婶家的卫生条件，尤其是农村的厕所，最后还是打消了在村里住宿的念头，当天回到通辽市里志平家里住。

那一次，我见到了刘婶，她那时身体尚可，看见我与我女儿自是分外亲切，我也是。刘婶对我的好，我一辈子不会忘记。

我们来到集体户老屋，屋里住有人，我们离开后，村里把房子租给了邻村的一户人家，外墙年久失修看上去有些破败，门还是那个门。我们说明来意，主人把我们让进屋，进了门，灶还是那个灶，里屋的炕沿仍是那根毛竹，当地村民家里炕沿一般都用木材。地仍然是过去的泥地，家里四壁空空，就像当年就剩我一个人时那样。

四街村看去仍是原样，只是大家普遍都住上了砖墙屋，只有个别的泥墙屋，其中就有我们集体户的房子，还有当年马芹居住的那个小窝。

听说那小窝已无人居住，我们便进去瞧了一眼。像我这样个子不高的进门时，都会下意识地低下头，那门框特别低，那屋也真的太过窄小，窄小得让人难以置信，两间小屋，外屋搭有灶台，里面是一铺小炕，炕前的空间也就能转得开两个人。主人已经离去，除了灶台与炕，小屋里空荡荡的什么都没有。

马芹后来嫁到西队贾家，贾家是贫下中农，在村里有些势力。嫁到本村有些势力的贫下中农家庭，父母也会少受些苦。那时候地主家的女儿都选择嫁给贫下中农家庭，而贫下中农的女孩都不愿意嫁到地主家，苦了那些地主家当儿子的。

二十多年过去了，村里发生了很大变化，村民的生活改善了很多，不仅家家户户都盖起了砖墙瓦房，粮食也够吃，寅吃卯粮成了历史，但变化最大的，要

三十六、别了，我的第二故乡

数那马芹，这个在"鸡窝"里长大被人小瞧的地主家的小丫头，我们见到她时，成了村里的妇联主任，地主家庭出身，终于不再成她人生的羁绊。

应志平与村民刘喜德关系很好，他们曾长期一起放羊放牛，刘喜德已因病故去，我们一起去看望刘家大嫂，直至那时我才知道，住在我们隔壁的村民刘喜德的老婆，我们叫她大嫂大嫂的，竟就是马芹的姐姐，刘喜德是贫农，所以我们知青与他的家庭包括刘家大嫂，来往比较多，常会翻墙过去要个酱什么的。

我想见见刘江，但听说他到远地养羊去了。

集体户前面马路对过往东处，那颗大柳树还在，之前在夏天，树荫下是婆娘们扎堆聊天的地方。

在街上走，村民们一眼就认出了我们，高兴地与我们打招呼，很多都是过去一起下地干过活的人。生活条件比以前好了，我看到村民们心情都很好。土地承包后，不用再像以前那样大拨轰下地干活，不仅效率大幅度提高，人也轻松自由多了。

回到四街，看到这一切，看到乡亲们住上砖瓦房，看到乡亲们不仅能吃饱饭，生活各方面都有明显改善，看到乡亲们心情舒畅，我心情也很好。

我曾想着到附近的莫力庙水库去看看，被告知水库没有水了。在四街时，我与陈家骧、赵传德曾去那里玩，水库周边的沙丘中有一个一个水坑，水坑边长着杂草，我们走过时水坑里会有野鸭飞起，那次我们捡到了一些野鸭蛋作为战利品。水库没水了，水坑当然也消失了。

当地的水资源破坏得很厉害，二十多年前我们刚到四街时，打一口机井，只要往下挖十几米二十米就行，由于雨水少，再加上当地庄稼用水时都采取漫灌的方式，地下水位下降得很快，后来听说打机井要往下挖五六十米才行。这让我很担忧，不知道再这样发展下去最后会怎样。

之后我再回四街，已是十余年后，那时候，已经是我退休前夕，那次去我是有目的的，就是想看看能帮乡亲们办点什么事。应志平正好在通辽，我约了他一起去四街。之后发生的故事，我已经在"做慈善不容易"一节里说了，虽然为村里做了一点事，但最后心情却远没有1996年那次回去时那么好。

去年，是我们下乡五十周年，我们又一次相约回到四街，大家能去的都去了。

我们委托村里学海兄把我们想见的老乡都请了来，把当年铲地时吟唱顺口溜的马桂云也请回了村。时间长至五十年，我们已找不出当年清秀小姑娘的一点影子，站在我们面前的是一个身体粗壮脸很宽的女子，保养得不错，不像六十多岁农村妇女的样子，打扮得也相当时尚，那宽脸让我不由得记起她父亲。

三十六、别了，我的第二故乡

提起那两句顺口溜，她笑着回答说她还记得。她还告诉我们，她现在做服装生意，经常去我们老家浙江那边进货。听起来生意似乎做得很成功，她像她父亲一样能干。但说句心里话，我有些失落，我想见的是留在自己脑海中那个吟唱有诗一般意境顺口溜的机灵清秀的小姑娘，而不是五大三粗的成功女商人。当然，我还是为她现在生活状况的巨大变化而高兴。

同样让我们惊诧不已的还有马芹，六十多岁的她，头发稀疏，几乎让我们认不出她，年轻时候的风韵已荡然无存。五十年过去，我们大家都老了，但农村人似乎老得更快。

村东头那闸门还在，但已经弃用了，五十年前大家曾在闸门旁合影，这一次，我们特意又在原地重新合影，人还是这些人，拍照时站的位置都一样，不同的就是人老了。五十年后集体户的每一个人都健在，这是老天对我们莫大的眷顾，我们应该感恩。

这大概是我们最后一次相约回四街了，老话说：六十不留宿，七十不留坐。我们这个年龄，今后恐怕再出不了远门了。我自己，身体尚可，北京离通辽也相对较近，我可能还会去通辽，我会去看望铁路里的朋友，但我不想再回四街了。捐献修路之事，伤了我的心。不过我心里还是挺挂念四街的，毕竟我在那里生活了那么久，度过了我宝贵的青春年华，我会在心里一直为四街的百姓祝福，愿他们的生活越过越好。

插友们五十年后重回四街

有一年与插友回四街，特意在村委会门口种下一颗大柳树，叮嘱几个村干部别忘了到时候浇点水，别让驴什么的啃树皮，答应得挺好，可几年后我问妇联主任小梁（马芹女儿）那柳树是否还活着，她告诉我树死了。连如此易活的柳树都没有活，让我觉得自

三十六、别了,我的第二故乡

己与四街的缘分已尽。村里认识的人越来越少,与村里的领导又"三观"不合,凡事总有头,就到此为止吧。

人不扎根就种颗树代替吧

三十七、最温暖的感情

　　我姐姐，在我生活中占有很重要的地位。我对我的姐姐，一直怀有美好的感情。这世间有我姐姐的存在，让我心里觉得多了一份温暖。

　　那年，我姐与我哥被父母带走，把我留在嵊州，似乎依稀记得分别时的场景，但不清晰，我没有哭闹，平静地接受了分离。之后对于我姐的概念，就停留在听奶奶常提起小宝如何被头塞得好的念叨中。奶奶家中的被子由于时间久长，棉絮发硬，盖上时双肩处容易漏风。对我姐的长相，我没有了任何记忆，一直到我自己在小学四年级时也到了父母身边，才算真正见到了我姐，知道我姐长什么样。

　　那时候我姐念高中住校，我第一次见到她是她周

三十七、最温暖的感情

末回家时,我抓住她的手又蹦又跳开心得不得了,弄得她有点不知所措。现在想起来,我们俩当时的感受可能很不同。我姐多年前回到父母身边,一起生活的还有她另一个弟弟,她可以从我哥那里体验到姐弟之情,而我独自留在嵊州多年,远离父母也远离兄姐,内心一直非常孤单,因此才会在见到我姐时如此兴奋,这大概是我姐难以理解的。

我性格内向,一向羞于表现自己,在亲人面前这种发自心底的兴奋雀跃而又不加掩饰的情绪表现,现在回想起来,一辈子就这一次。

在湖州时,与姐姐见面的机会并不多,她只是周日才回来。现在我才意识到,之所以接我到湖州,是因为我姐上了高中住校,家里腾出了一个位置。我去后,我姐在家里便没有了住处。

我在湖州时,印象深刻的一件事是求姐姐帮我写一篇作文,作文的题目记得是看了电影《西游记》后的感想,在我的死缠烂打下我姐终于同意了,当然那篇作文得了优,一个高中生替小学生写的作文,不得优才怪呢!不知道我的语文老师怎么想,平时我的作文成绩很一般,突然写出一篇好文章,应该很奇怪,但老师没有问。小时候,写作文对我来说是个难题,拿起笔,就是不知道写什么,怎么写。后来有机会看到姐姐高中阶段写的一些作文,文笔流畅,很是佩服。

我重新回到嵊州几年后，妈带着我姐姐回嵊州过年，我再次得与姐姐重逢，我妈我姐与我去照相馆拍了一张合影，那张照片，放在我爷爷床头边的镜框里，照片里的姐姐留着短发，脖子上扎着一条白色的丝围巾，面带微笑，我很喜欢姐姐那张含着笑意的脸，看上去感觉十分的亲切，没事时，我经常站在那镜框前细细端详那张照片，看我妈更喜欢看我姐，也喜欢看照片中的我自己。合影中的我，头发变得乌黑还带点卷，穿着一件深色中山装，显露出一些中学生的风采。记得小学毕业时照的一张相，照片中的自己，脸很瘦小，门牙相比之下很大，一副没有长开的样子，感觉很丑。上中学后，似乎比以前好看了一点。合影中我的神色里还洋溢着一种见到妈妈与姐姐的幸福感，那是别人体会不到的。

再一次见到我姐，又是几年后，我串联结束从嘉兴辗转来到湖州，那时候父母已离开湖州去了安吉，留我姐独自在湖州，她在血防站工作。姐见到我很高兴，晚饭带我到一个很像样的餐馆，我吃了很多，回到家不久就感觉腹中难受，然后就开始腹泻，很厉害，原因很简单，就是肚里一直没沾什么油水，突然吃了很多油水大的菜，吃坏了，用现在的话来说就是肠胃不耐受。

记忆中，这是我第一次到外面餐馆吃饭，也是第一次吃那么多好吃的菜。自有记忆我就在嵊州与爷爷

三十七、最温暖的感情

奶奶生活在一起,生活条件很艰苦,平时饭菜中鲜有荤味,偶尔有,也只能浅尝辄止,从没有机会可以由着自己性子一饱口福,即使每年大年三十的晚饭,也只能分得三两块红烧肉。

那次我虽吃坏了肚子,但我仍记得我姐姐的好。

记忆中,我人生中的第一个苹果,也是我姐在湖州买给我吃的。

姐姐在我眼里,不仅亲切也很漂亮,直到自己长大成人后才发现姐确实不能算漂亮,亲近会让人产生美感,当然女孩年轻时容光焕发也会给人以美感。

初中毕业那年"文化大革命"开始了,期间,我有更多机会去安吉父母那里,也去湖州姐姐处,经常事前也不告知,突然就去了,我姐虽然惊讶,但没记得她烦我。

在内蒙古那些艰难的日子里,我时常会想念我姐,想念我姐姐待我的好,每当想起我姐姐时,心中总会涌上一股暖流,在我心底深处,我觉得几千里外我姐的存在以及她对我这个弟弟的爱,是在困境中对我的一种慰藉。

那时每年冬天从内蒙古回家的第一站也必定是到湖州我姐姐家。

生活中碰到同学或朋友的姐姐,我感觉总是很亲近,不由得会想到自己的姐姐,会想到自己姐姐平日里对我的关怀与照顾。姐姐的身份在我心目里似乎就是温暖的化身。

我也时常想,今后若我有了出息,定要好好善待我姐,要让我姐和我姐的家人生活得好一些。

我对我姐的烦忧一直延续到我在富阳工作时考研究生,考之前,正好凌云临产,我把凌云送到湖州我姐家,那时候我父母退休后回湖州与我姐同住,所以也算是委托父母照顾,但无疑给姐姐家添了很多麻烦,那年恰逢森森中考,家里人多乱糟糟的,必定影响了我外甥的学习。

总之,我欠了我姐很多,好在我后来条件好转,得以对我姐有所回报,心里才宽慰一些。

后来姐夫与我姐闹离婚,对我姐伤害很大,1995年,我邀她来北京小住,看她50来岁,头顶竟开始秃发,真让我心疼。好在我姐性格开朗,很快从婚姻失败中走出来,后来碰到我现在的姐夫,两人生活在一起至今已有20多年,相处还算和睦,我心稍慰。唯有我姐离婚后,与我外甥断了来往,让我深感不安。我退休后,成功扮演了一回娘舅的角色,设法让我姐母子重归旧好,也算是我报答我姐于万一。

退休之后我常回湖州,母亲在那里,我要去探望。回湖州与我姐姐在一起,让我感到很放松,犹如在自己家里,在我姐面前,我永远是小弟,我姐姐待我，永远是那么亲切。

　　我有今天，离不开我身边大家的关爱与支持，其中来自我姐姐的关爱与支持是最持久、最深切、最温暖的，最难以忘怀。

三十八、求佛不如求己

记得去年在嵊州期间,汉卿同学介绍说上虞方向有一新建庙宇值得一看,被我借故婉拒了,辜负同学一片热情,心里着实过意不去。但庙宇于我,实在是个矛盾之物,旧的庙宇,由于其历史积淀,我以为尚可勉强一看,至于新建的,有时间我更喜欢去大自然畅游。我们这年代的人,从小受共产党教育,很难不是无神论者,除非像才德同学那样自幼受父母熏陶者。放明同学今天能皈依天主教,我很佩服。我自己也曾尝试,也试着读《圣经》,但都不了了之,觉得其中的故事,在我看来都很荒诞无稽,无法接受。记得当年法轮功盛行时,我恰好在驾校练车,教练是个法轮功信徒,送我一本介绍法轮功基本教义的书,里

三十八、求佛不如求己

面的字超大,内容与常识相悖,实在不堪读,读了三两页便放下了,那教练每次见我,都要问我一番,让我穷于应付,因为不能实话实说,得罪了教练,没有好果子吃。

不管如何,佛教也好基督教也好,教义虽各不相同,但都倡导向善,故能长存至今。不像法轮功,不伦不类。

说到佛教,记得小时候我家阁楼上有一尊观音菩萨像,置于一神龛之中,有半身来高,彩绘描金,很是精致,想我奶奶以前必是信佛的,只是解放了,说信佛是迷信,不让了。但佛像放家中倒也无人管。"文化大革命""破四旧",那菩萨像消失了,哪里去了是个迷,被我奶奶砸了?谅她不敢,本质上她毕竟还是佛教徒。送人了?那时候谁又敢收?所谓请神容易送神难,大概就是指这样的场合。反正我也没有问,那时满脑子都是革命造反,实在是没有心思去管那观音菩萨像的去处。

我虽不信佛,但生活在佛教道教氛围浓厚的环境中,潜移默化,心中自有一种对佛祖道祖莫名的敬畏。由于这种矛盾心态,于是对我而言,进了庙宇道观总有那么一份尴尬。结伴而行时,遇庙宇,大家都进去,我想不进去都不成,总不能留我一个人在外面久等吧?一起进了庙宇,看别人都在顶礼膜拜,我要跟着拜吧,其实我不信佛,没有那份应有的虔诚。要不拜吧，心里又难免有一丝担心，怕神灵察觉怪我不敬，今后说不定会降灾祸于我，此时我又成了半个信徒。总之，很纠结，很矛盾，很尴尬，最好别进里面。若进去了，自己也严守规则，就是绝对不说对菩萨有亵渎不敬含义的话。

我疏远寺庙，也由于曾经有过的一段经历。那年我们去云南丽江玩，有一天到了一处偏僻荒山中的寺院，寺院前有一个转盘，转盘的外圈装着十二生肖像，我转了一下，马停在马凌云跟前，我朋友转了一下，猴停在了他妻子跟前，正好与她俩的属相吻合。我们都觉得有些神奇，于是便跟着转盘旁的和尚进了寺院，合掌拜毕菩萨，那和尚向我们介绍说：捐献请进里面屋里，捐多捐少随意，有高僧可送开过光的护身符，请我们一个一个进。我先进去，见一较年长的和尚坐在一桌前，示意我坐他对面，待我坐定后，他打开桌上的一本宽大的像账册那样的记事本，里面详细记录着每位捐献者的情况：姓名、性别、年龄、电话号码，以及认捐的金额，我大致翻阅了一下，上面最少的是 100 元，进去之前，我本想捐 50 元了事，见此情形，只能写个 100 元，和尚转身取出一微型玉雕送我，说这是吉祥物，要随身佩戴，可保我平安，我接过来仔细一端详，是一貔貅。我朋友随后进去，也得了一貔貅，与我一比，比我的大，问他认捐了多少，他告诉我他捐了 200 元。

三十八、求佛不如求己

出了寺庙，我们都有被人算计的感觉。这才想起入寺院前的蹊跷，必定是那和尚听见了我们在转盘前的议论，以暗藏机关控制，不然怎么可能这么巧！现在的出家人，心思都钻进了钱眼里！

我既不信佛，当然也不好意思去求佛，不过也有例外。我女儿高考那年，同楼住的一个齐姓朋友问我想不想去烧香拜佛。他儿子与我女儿同年，也面临高考。我稍加犹豫便同意了。周末我们两家四人开车直奔八大处公园，在北京，除了雍和宫，八大处的寺院庵堂算是香火最旺之地。天气不错，一切顺利，在灵光寺拜完文殊菩萨，往功德箱里放了一点心意钱，心想，若女儿高考顺利，日后必来还愿，多多捐献。

我女儿学习不错，三次模拟考试成绩都在630分左右，若又有菩萨保佑，便又多一层保险。

且说拜佛后大家心情轻松，准备到公园各处转转，不想未曾出得寺院门，我家那位在我身边说了一句话，让我大惊失色，她一边走一边像是喃喃自语又像是问我道："你说这里的菩萨到底灵不灵呀？"话一传到我耳朵里，我的第一反应便是想上前捂住她嘴，可惜来不及了。我心想：怀疑菩萨，便是对菩萨的不敬，此时此地，怎么能说这种对菩萨不敬的话呢？我当即使劲瞪了她一眼，示意她打住，别又再冒出其他不敬的话来，心里是既惊且恼又悔，悔的是，早知如此，当时就不该答应我朋友一起来拜佛。其实,我们那时离寺院门也就几步之遥,若是迈过那寺院大门门槛,或许同样的话,我听了会稍稍心安一些,我相信,寺院外的世界,菩萨不会管那么宽吧?

悻悻然出得寺院门,已无心再赏景,告别同去的朋友,先匆匆回家了。想我那对同去的夫妻朋友,大概在纳闷:刚刚还满脸春风笑意盎然,怎么转眼之间就面色阴沉不开心了呢?

回到家,郁闷了几日,此事便先放下了。之后,若是我女儿高考顺遂,我便会淡忘此事,或者会暗自庆幸,庆幸菩萨那时正忙没听到,庆幸菩萨也许虽然听到但宽宏大量没有计较。

但结果就像墨菲定律所说的那样:如果你担心某种情况发生,那么它就更有可能发生。你说我女儿平时各科成绩一直都很稳定,却偏偏高考那天把数理化科中的化学部分考砸了,最后考分不足600分,不仅北大清华无门,一竿子就到了兜底的大学——北京工业大学,简称北工大,与北大一字之差,虽也是211院校,却有天壤之别。且说那同去拜佛的齐姓朋友,他儿子平时学习成绩平平,父母着急,这是他们撺掇我一起烧香拜佛的起因。但自那次八大处烧香回来,他儿子如魔力降身一般,学业奋进,高考时超常发挥,最后上了一所比我女儿的北工大还要好的大学。

后来,我女儿在北工大读了一年,心有不甘,自费去了德国留学,此乃后话按下不提。

三十八、求佛不如求己

此事发生后,我心里一直在纠结:我女儿高考失误,是一个自然的结果,还是拜佛时失言而招致的惩罚呢?我们若不去拜佛,或者说虽去拜佛但未失言,我女儿高考的结果是否就会不一样呢?那是一个谜,永远不会有答案。

之后我记住:凡事若自己能为,便不要求人,也不要求佛。免得遇事不顺怨人怨佛。同时还记住:若进庙时与夫人同行,必是叮嘱我夫人:千万别乱言。

三十九、一家三代向左转

我女儿考进北京工业大学,专业是生物医药。有一个周末,她照例回家,跟我说:"爸,我想去德国留学。"她说她与几个同学去德国使馆咨询了一下,答复是:去德国留学必须参加国内高考,被211大学录取的,在大学读完一年,其他大学读满三个学期,就有资格申请去德国留学。因为德国的中小学是十三年制,所以需要在大学读上一年,就视同达到德国中学毕业的要求。女儿跟我说的时候,正好就要放暑假,想去,可以向学校申请休学,先去一个德语培训中心学半年德语,若通过德国驻华使馆文化处的语言考试,便可申请签证去德国,在德国再学习半年语言,语言过关,就可以正式申请进入大学学习。

三十九、一家三代向左转

她自己决定去留学，我没有意见，我赞成女儿离开我们到外面见见世面，这样有利于她成长。但我不会在她不愿意的情况下动员她去留学。关于留学的国家，去英美，对提高英语水平更有利，但德国及其他西欧国家，感觉上比美国更安全。另外，据说到德国留学不用交学费，这也是吸引中国留学生的一个亮点。留学费用我其实不是很在乎，我去公司后，收入提高很快，无需过多考虑经济上的得失。女儿独自出国，安全是我考虑的首要因素。

我印象中，我女儿学习从来就是被动型的，从小学初中到高中，课内的作业完成得很自觉，也很有效率，但对课外的内容从来没有主动性。但在报名参加德语学习的这段时间，她学习非常主动非常努力，在我印象中是表现最好的半年，因此德语水平提高很快。半年后，去参加德国使馆文化处的考试，因为她纯正的发音及语言熟练的程度，考官很怀疑她在德国生活过一段。这是培训中心带队去使馆考试的李老师事后对我说的，说我女儿是培训中心创办以来德语学得最好的学生。我听了很为我女儿骄傲。她自己想做的事情，她会很努力，让我想起"不用扬鞭自奋蹄"那句话。她发音纯正，是因为她的老师是德国人，但也与我女儿较强的模仿能力有关。当年上幼儿园时，排节目或学唱歌时，她总是学得最快，老师问我们父母是否有搞文艺的，其实我们都与文艺根本不搭界，也不知她遗传了谁的基因。模仿能力强的，学语言的能力也强。

据说凡到德国读本科的中国学生，在国内学什么专业，去德国也只能学同样的专业，不能换，但我女儿却自己去找校方把专业换成了"经济工程"，续读研究生时选了金融投资专业。我曾建议她选一个她自己喜欢的专业，不用考虑毕业后挣钱多少。我不知道她是否真的喜欢这个专业，但我知道她愿意从事收入较高的工作，大概年轻人都这样想，例外的极少。

她去德国时，我曾鼓励她有机会可以去勤工俭学，以便锻炼自己。她很听话，刚上大学那段时间，还真去了麦当劳工作了几个月，过程中曾打电话给我诉苦，说在炸薯条时锅里溅出的油烫伤了她的手，工作很辛苦。我听了心疼，但嘴上仍是鼓励她坚持。好在我女儿运气真的很好，入学半年后，有一个给教授做助理的中国留学生毕业后把她介绍给那个教授，经过面试，她被录用了。本来入学不到一年的学生是没有资格做这份工作的，但她的德语好，英语也不错，破例了。据她说，助理的工作就是帮着收集与整理教授需要的资料，每周末去两个半天，所得收入基本可以维持她在德国的生活。

她在德国六年，我和她妈没有去过德国，现在想起来有点后悔，至少在她的毕业典礼上应该去一趟。

女儿从德国回来后入职某资产管理公司，在总部

三十九、一家三代向左转

做投资项目的评估审核工作。入职之时，我对她讲："你若想过得轻松，就把职务升迁看淡，不去争，除非是哪天自然落到你头上，但业务上你要成为好手，这样你就会有比较好的人际关系，也会受人尊重。"后来发现这话她显然只听进去一半。几年后，她业务能力长进很快，但也在努力争取职务的升迁。她这样做，我也能理解，年轻人心高气傲，会去争取他们认为该得的一切东西，包括金钱地位名誉，无人会像我说的那样考虑问题。

三四年后，她被升为了经理。再过了三四年，有一天她回家吃饭时告诉我，公司正在竞聘高级经理，她准备去参加。我说好呀，那就努力去争取吧。她又告诉我，这次竞聘只有两个名额，但报名的有好几十，公司里有要好的朋友提醒她，说你爸有没有关系，若能跟公司领导打个招呼，那成功的可能性会提高很多。最后问我："爸你有关系吗？能不能帮我去找找？"我告诉她："你爸退休多年了，没有什么关系。"又接着告诉她："如果有关系我也不会去找。"我看她一脸失望，就跟她解释说："你若是找工作，我会帮你，别人也能理解，但这种事，你让我如何好意思开口？你得靠自己努力，不说要竞聘演讲吗？静下心来好好准备吧！"

一个多月后她再次回家吃饭时告诉我，说她已经被升为高级经理，收入也增加了很多。通过她自己的努力，有这样的结果，她高兴，大家都很高兴，当即开了一瓶好酒为她庆贺。高兴之余，没有忘记叮嘱她："涨工资的事，就别告诉你老公了。"她听了一脸茫然，听了我的解释后叹言："有这么复杂吗？"

女儿所在的公司是央企，公司的干部归组织部管理，各种职务虽然是企业的名称，其职级却与机关一一对应，我理解，大概是为企业与机关之间人员调动方便吧。我女儿还告诉我，她这样一个职务，就算是正处了。看来一代就比一代强，想我当初去公司前，也就是个正处，但我当时已经四十六七了，而她现在才三十出头！不过话说回来，在北京，流传着这样的说法：在街上随便拦住十个人，至少有一个是处级干部。京都就是官多，一个处级干部其实什么也不是。

职务升迁后，烦恼也随之而来，除了工作越来越忙，就是有关入党的事。其实当年我女儿一入职，就有人关注，问她有没有入党的意愿，她当时没有当回事。据我所知，凡出国留学回来的年轻人，回来后大都不问政治，他们适应国内的社会环境包括人际关系，都要经历相当长时间。我女儿刚入职时，因为总有那么多的与业务无关的学习，以及开会时领导讲的在她看来完全是毫无意义的套话，难以接受，一度对我说想辞职，被我想法支应过去，时间一长，竟是习惯了，再无提起，大概也由于后来发现央企里福利待遇实在是好，收入也不低，工作专业性也强，与人比

三十九、一家三代向左转

比，舍不得离开了。

关于入党的事，她曾经问我，是不是可以入民主党派呀？我告诉她，民主党派受共产党领导，连经费也是共产党拨付的，你要入就入共产党吧。

升为高级经理后，有一天她告诉我，她准备写入党申请书了，说在公司，像她这样职级的，都是党员，就她一个非党员，开什么重要的会，她就像是局外人，很难受。这种感受我能理解，于是回答她说："那你就入吧，我不反对。"其实现在的年轻人很有主见，我若反对也没有用。再说，入党毕竟不是什么坏事，我也没有理由反对。以前为何不鼓励她入党，只是想着她最好能有更多的时间集中精力钻研业务，而入党会凭空多出很多的会。最后我叮嘱她："既然想入党，就认真学习党章，按党章的规定要求自己，努力做一个合格的党员吧。"现在回想起来，其实我说这样的话真的很可笑，好像在以一个资深党员的身份叮嘱自己女儿，其实我自己连个普通的党员都不是！

如今，我女儿已经是正式的共产党员了。

我们一家三代，我父亲是国民党员，我则什么都不是，而我女儿如今是共产党员。这大概是历史的潮流吧？

四十、最后的心愿

我说过，人应该有一点忧患意识，但忧患意识过强，则会变成一个悲观主义者，我大概就是这样。好多事情我都会提前忧虑，所以活得比别人累。退休后，我又开始提前担忧自己的老年生活。

很多人说，退休后迎来了他们人生的第二个春天。

春天来到，万物复苏，生机勃发。退休了人老了，即将给自己的生命打上休止符，怎么可能像春天？人们只是从自己肩负责任的角度，觉得自己打拼了一辈子，退休后终于可以卸下重任，松一口气，有了一小段真正属于自己的生活，如此而已。但怎么能与欣欣向荣的春天相比？

四十、最后的心愿

依我看,还是比作秋天比较合适,将退休生活的状态比作秋收之后的放松,更为恰当。在我们以超级放松的心态尽情享受金秋的舒适与美景后,当落叶开始飘零,迎接大家的将是严酷的冬天。

退休后,倘若你身体尚可,倘若你经济条件许可,又倘若你不必照顾孙辈,那确实会有一段轻松自在的生活,到处旅游,走亲访友,喝茶聊天打牌跳操,游哉悠哉,享受人生难得之乐趣。我自己退休后享受到了一段这样的生活。

如果我运气够好,在我八十岁之前,能保持身体基本健康,那我还能继续享受一段晚年生活的乐趣。之后,便大概率进入人生的末段。我意识到,当我走向人生最后的计时阶段,那将可能是一个苟延残喘、十分痛苦而又相当漫长的过程。

人总要死,那是自然规律,我不害怕。我只是想,倘若晚年可以自己决定自己的命运,想什么时候死就能什么时候死,那该有多好!那走向死亡的过程就不再那么可怕。问题是不能,甚至在已失去意识活着只是一具躯壳的情况下,也不能。这着实让我感到恐惧。

不是我一个人对人生命中最后一段感到恐惧。微信上流传着琼瑶写给他儿子儿媳的一封公开信,琼瑶怕在自己失能情况下,出于伦理道德及传统,儿女会通过各种方式人为延长她生命,虽已有遗嘱，仍不能放心，故以公开信方式公示遗嘱内容，这样做可以减轻儿女忠实执行遗嘱内容的压力。可知琼瑶对人生末段的担忧与恐惧程度，绝对不亚于我。琼瑶的公开信其实也说出了天下很多老年人的心声。当生命其实已逝去，徒留一躯壳受苦受难，那又何必再苟延活着？

从琼瑶的信里我们还知道，台湾省的老人已有盼头，说至2019年，有新的"有关规定"允许人在一定条件下决定自己的生死。但愿不久的将来，我们也会有这样的幸运，让无数老年人解除后顾之忧。

去年我回老家，有两个同学的父母逝去，一个是李姓同学的母亲，清明节后本安排了同学聚会，那同学临时告知他不能参加，因为老母在清明节前去世。后来再见他时，他告知他母亲走得很突然，前一天晚上还好好的，第二天早晨发现她已溘然归西，没有遭受什么痛苦，享年95岁。我为同学母亲去世悲伤，但我私下也为我同学的母亲庆幸，不是每位老人有这样的幸运。

另一位同学的父亲则没有这样幸运，他去世于清明后，之前已不能自理接近三年，这同学无姐妹，父亲由兄弟三人轮流看顾，最后一年是在养老院度过的。我常去养老院，知道临终前在养老院的日子可不好过。据这位同学介绍，即使在养老院的日子，他们

四十、最后的心愿

兄弟三人仍每天去看望，每天尽可能多陪陪他们父亲，这不容易，我听了很感动。不是每个人都能做到这样。

我姐姐家楼下的邻居发生的事，则更让人唏嘘不已。这邻居夫妻俩人都还在上班，所以这男主人的母亲年龄不会太大，但早早就得了痴呆症，并且病情很严重，已失能很久，不认识家人，大小便失禁，还是狂躁型的，几乎每天半夜三更便会狂喊乱叫，我姐姐家可以听得很清楚。之前曾请保姆照顾，后来病情严重保姆就离开了，之后一直由他儿子与儿媳自己在家照顾着。这样的情况延续了至少七八年，后期据说病人已蜷成一团。终于，这次回去听我姐说，她走了。我为这位老人庆幸，老人的躯体终于可以不再受苦，灵魂得以在天堂无牵无挂。

我母亲今年95岁了，现在养老院住着，请了专人照顾。进养老院之前她与我姐姐生活在一起，原来想得很简单，待我姐姐照顾不动时，就请一个保姆帮忙，反正经济条件也许可。但事实上远没有那么简单，老人病多，自己又不能行走，经常陪老人看病是很折腾很费力气的事情，最后也只能送我母亲去养老院。但我姐姐姐夫几乎每天都去探望，引院里无数老人羡慕，我觉得我母亲是一个好福气的人。

人老了，福气不仅是长寿，而且能得到精心照顾,更重要的是经常有亲人陪伴。

至于我自己,期望值没有这么高,待自己进养老院时,估计我女儿还没有退休,即使退休了,她自己家有无数的牵挂,没指望她会像我姐姐探望我母亲那样天天来探望我,年老时的寂寞与无助,自己来克服吧。我最大的愿望就是,除非健康状况尚可,别太长寿。在我行将告别这个世界的时候,让我多有点尊严,悄悄地平静地去吧。我一生努力挣扎,我很累,别让我临走之前继续挣扎。为此,我会提前写好遗嘱,请我家人千万不要人为延长我的生命,而我今天所写的内容,是我真实的意思表达,就作为我所写遗嘱内容的佐证吧。

如果我要为自己留下什么碑文的话,我愿意在我的碑文上写:一生挣扎向前的人在此安息。

但其实我对人死后设墓兴趣不大。后人若怀念我,我觉得翻翻我今天写的书比到墓地祭扫更有意义,若真能这样,我的书就又多了一份意义。我的骨灰,也不想撒向江河大海加重污染。我更想让自己的骨灰,埋在一颗大树下,化作营养,让大树长得更茁壮。

我不能算信佛,但生长在佛教文化浓厚的国度里,难免受影响,因此在别人撺掇下,我也曾临时抱佛脚,为我女儿高考顺利去拜佛。在我人生最后的路上,我要再次默默祈求佛祖的保佑,看在我一生努力

四十、最后的心愿

挣扎辛苦的份上,看在我一生有善举无恶作的份上,保佑我顺利跨过奈何桥,别让我受太多的罪,别让我受太多的折磨。

这是我最后的心愿。